BARBARA WASS

„FÜR SIE GAB ES IMMER NUR DIE ALM ...“

Damit es nicht verlorengeht . . .

16

Herausgegeben von Michael Mitterauer
und Peter Paul Kloß

Barbara Waß

„Für sie gab es immer nur die Alm…“

Aus dem Leben einer Sennerin

Mit einem Vorwort von Michael Mitterauer

BÖHLAU VERLAG WIEN · KÖLN · GRAZ

Gedruckt mit Unterstützung
durch die Salzburger Landesregierung

Bildnachweis:
Abb. 1–5: Barbara Waß; Abb. 6–8: Barbara Passrugger;
Abb. 9–11: Gottfried Steinbacher; Abb. 12: Anna Trinkl.

CIP-Titelaufnahme der Deutschen Bibliothek

Wass, Barbara:
„Für sie gab es immer nur die Alm ...“ : Aus d. Leben e. Sennerin / Barbara Wass. Mit e. Vorw. von Michael Mitterauer. – Wien ; Köln ; Graz : Böhlau, 1988
(Damit es nicht verlorengeht ... ; 16)
ISBN 3-205-06164-0
NE: GT

ISBN 3-205-06164-0

Datenerfassung: Peter Paul Kloß
Satz: Manz, Wien 5
Druck: REMA*print*, Wien

Inhalt

Vorwort

Drei Jahre nach der Veröffentlichung ihres ersten Buches „Mein Vater, Holzknecht und Bergbauer" legt Barbara Waß nun ihr zweites vor. Wiederum geht es um die Rekonstruktion vergangener Arbeits- und Lebensverhältnisse am Beispiel ihrer Heimat, dem Salzburger Lammertal. Wiederum wählt sie den Zugang zu ihrem Thema über die Familiengeschichte, nämlich das Leben ihrer Großmutter, die bis ins Alter mit Leidenschaft ihrer Arbeit als Sennerin nachgegangen ist. Noch stärker als in ihrem ersten Buch versucht sie, über die familiengeschichtliche Überlieferung hinaus durch Gespräche mit alten Menschen Erinnerungen an diese versunkene Welt festzuhalten.

Wenn Barbara Waß in ihrem Buch die Arbeits- und Lebenswelt von Sennerinnen in früherer Zeit darstellt, so kann das unter vielfältigen Aspekten interessieren. Einer dieser Aspekte sei hier besonders herausgegriffen. In den letzten Jahren werden immer häufiger Untersuchungen zu Problemen der Arbeitsteilung zwischen Frauen und Männern in traditionalen Agrargesellschaften vorgelegt. Man fragt nach Kriterien geschlechtsspezifischer Zuordnung bestimmter Arbeitsaufgaben sowie nach deren Auswirkung auf das Rollenverhalten. Die Almwirtschaft erscheint in Zusammenhang mit solchen Problemstellungen von besonderem Interesse. Es handelt sich um eine extreme Außenarbeit, eine risikoreiche Tätigkeit, zum Teil auch um Schwerarbeit. Alles das sind Kriterien, die eher eine Zuordnung zum männlichen Arbeitsbereich erwarten lassen. Zum Unterschied von anderen alpinen Regionen bleibt die Sennerin jedoch in Salzburg genauso wie im benachbarten Kärnten, in der Steiermark, in Oberösterreich eine weibliche Domäne. Die Kompetenz der Frauen für die Milchwirtschaft wird hier auch außerhalb des Bauernhofes beibehalten. Daraus ergibt sich eine weibliche Arbeitsrolle ganz besonderer Art. Die spezifischen Arbeitsaufgaben der Sennerin bestimmen ihre ganze Lebensweise. Diese unterscheidet sich sehr wesentlich von der anderer Frauen in traditionalen ländlichen Gesellschaften. Als eine besonders freie Form weiblicher Lebensgestaltung in einer Umwelt, die nur sehr beschränkte Entwicklungsmöglichkeiten und Freiheitsräume zugestand, verdient sie besondere Beachtung.

In welcher Weise die spezifische Arbeit das Rollenverhalten beeinflußt, läßt sich aus anderen historischen Quellen schwer erschließen. Lebensgeschichtliche Erzählungen hingegen, wie sie Barbara Waß zusammenstellt, lassen solche Zusammenhänge erkennen. Sie geben Hinweise auf spezifische Verhaltensweisen, Einstellungen und Mentalitäten, die wohl mit den besonderen Arbeitsbedingungen in Verbindung zu bringen sind. Zum Teil sind es radikale Abweichungen vom vorherrschenden weiblichen Rollenbild der Umgebung, die hier referiert werden: Frauen, die wildern gehen, die Männerkleider tragen, Mütter, die nicht bereit sind, ihre eigenen Kinder aufzuziehen, wie dies bei der Großmutter der Autorin der Fall war. Aber auch abseits solcher Extremfälle zeigen die skizzierten Lebensbilder von Sennerinnen viele Eigenheiten: besondere Freiheitsliebe, besondere Eigenständigkeit, starker Selbstbehauptungswille. Gerade im Kontext detaillierter Schilderungen des Arbeitslebens wird hier überzeugend klargemacht, wie Arbeit den ganzen Menschen prägt. Für eine Theorie der Zusammenhänge von Geschlechterrollen und geschlechtsspezifischer Arbeitsteilung könnte auf der Basis des hier zusammengestellten Materials eine modellhafte Musterstudie durchgeführt werden.

So sehr die Almwirtschaft eine Sonderstellung einnahm – sie war doch in einem umfassenden Zusammenhang bergbäuerlicher Wirtschaftsweise eingegliedert. Ohne diesen Kontext läßt sich das Leben von Sennerinnen nicht darstellen. Gerade der biographische Ansatz führt im wirtschaftlichen wie in anderen Lebensbereichen weit über das Geschehen auf den Almen hinaus. So legt Barbara Waß ähnlich wie in ihrem Holzknechtbuch auch diesmal eine umfassende Arbeit zu den Lebensverhältnissen und Lebensgewohnheiten früherer Zeiten in ihrer Heimatregion vor. Im Hinblick auf die Gesprächspartner ist freilich die Perspektive hier etwas anders. Standen bei der Behandlung des Holzknechtmilieus die Erlebnisse und Erfahrungen von Männern im Vordergrund, so dominieren diesmal wegen der Sennerinnen-Thematik die Berichte von Frauen. Es handelt sich dabei allerdings nur um unterschiedliche Akzente. Zentrales Anliegen der Autorin ist es auch hier, die bergbäuerliche Lebenswelt vergangener Jahrzehnte dem Leser verständlich zu machen.

Die Zugangsweise, die Barbara Waß in diesem Buch wählt, ist in unmittelbarem Zusammenhang mit ihrer ersten Veröffentlichung zu sehen. Im Vorwort dieses Bandes wird dargestellt, wie sie zum Schreiben kam. Die systematische Rekonstruktion des Lebensweges ihres Vaters führte sie zu einer intensiven Beschäftigung mit dem Holzknechtmilieu. Sie begann damit, Arbeitskollegen ihres Vaters zu befragen, und verband eigene Familienüberlieferungen mit den Ergebnissen dieser Interviews. Diesen Weg ist sie in ihrem zweiten Buch weitergegangen. Auch hier werden lebensgeschichtliche Erzählungen aus der Familie mit Berichten von außen verknüpft. Das Verhältnis verschiebt sich dabei zugunsten der letzteren, da mit der Großmutter weniger Gemeinsamkeit gegeben war als mit dem Vater.

Gegenüber den autobiographischen Elementen tritt so der Ertrag von Interviews in den Vordergrund. Das bedeutet vielleicht manchmal einen Verlust an Unmittelbarkeit, erweitert jedoch das Informationsmaterial zum behandelten Thema über die eigene Familie hinaus. Neben der größeren Distanz zum Thema ist es wohl auch die Rückwirkung der Erstveröffentlichung, die im zweiten Band ihren Niederschlag findet: Eine Vielzahl von Gesprächen, die dadurch ausgelöst wurden, brachte zusätzliche Informationen, Selbsterlebtes konnte mit Berichten anderer verknüpft werden, die Möglichkeit der Verallgemeinerung von Individuellem nahm zu. Barbara Waß hat solche Gespräche gesucht. Auch ihr Engagement in der Erwachsenenbildung auf dem Gebiet der Alltagsgeschichte steht mit ihrem Schreiben in unmittelbarer Verbindung. So dokumentiert ihr zweites Buch gegenüber dem ersten sicher einen weiteren Entwicklungsschritt. Für den Leser mag es interessant sein, diesen Prozeß nachzuvollziehen, um sich auch für sich selbst bewußt zu machen, welche Veränderungskraft in lebensgeschichtlichem Erzählen und Schreiben stecken kann.

Michael Mitterauer

Einleitung

Wer im Sommer durch die Straßen Salzburgs geht, begegnet Menschen verschiedenster Nationalitäten und Rassen. Die überfüllte Getreidegasse, die bekannteste Einkaufsstraße der Stadt, mutet an wie ein kleines Babylon, so viele Sprachen schwirren da durcheinander.

Es lohnt sich aber auch, einen Blick auf die Kleidung der Touristen zu werfen. Wer hat da nicht schon Amerikaner oder Japaner in Lederhosen oder Dirndlkleid entdeckt? Wer hat aber nicht auch schon die vielen, teilweise recht bissigen Bemerkungen darüber gehört? Warum sollten ausländische Besucher eigentlich nicht diese Kleidung anziehen, wenn sie ihnen gefällt? Wir ziehen auch Jeans an, obwohl sie sicher nicht zur angestammten Tracht unserer Gegend gehören. Unsere Gäste tun doch nur das, was sie durch Berge von Prospekten und die vielen Veranstaltungen der Fremdenverkehrswerbung immer wieder vorexerziert bekommen!

Sie haben von uns und unserer alpenländischen Gegend genau jene Vorstellungen, die wir ihnen vermitteln, und jenen Eindruck, den wir vor ihnen erwecken. Brauchtum und Volkskultur haben sich zu einem eigenen, durchaus einträglichen Wirtschaftszweig entwickelt, der fleißig angekurbelt wird. Daß dabei die Grenzen zwischen Brauchtum und Kommerz sehr leicht verwischt werden, ist nicht verwunderlich.

Von Experten wird zum Teil recht heftig darüber diskutiert, inwieweit das vermarktete Brauchtum im Zuge der Fremdenverkehrswerbung unserer alpenländischen Kultur schadet. Leider ist es ja so, daß dem Gast oft eine

Schablone geboten wird, die das ländliche Leben in einer Art zeigt, wie es in Wirklichkeit nicht ist.

Warum sind wir eigentlich nicht ehrlicher unseren Besuchern gegenüber? In den vergangenen Jahrzehnten seit dem Krieg hat sich kaum jemand darum gekümmert, ob Altes verlorengeht. Überall wurde umgebaut und modernisiert, alte Bauernhöfe abgerissen und neue, moderne Gebäude errichtet. In den letzten Jahren wird das vielerorts bedauert und mancherorts recht scharf kritisiert. Wenn man ehrlich genug ist, muß man doch auch zugeben, daß diese Entwicklung irgendwie verständlich ist.

Vor einiger Zeit hat mir eine Bergbäuerin stolz ihr Bauernhaus gezeigt, das erst in den letzten Jahren renoviert worden ist. Ich kannte dieses Haus aus meiner Kindheit und weiß, daß es keinesfalls so gemütlich und angenehm war, wie alte Häuser gerne dargestellt werden.

Damals waren in der Stube noch ganz kleine, vergitterte Fenster, an der Außenwand war eine schmale Holzbank, neben der Tür war die Hühnersteige. Die Hühner konnten durch ein Loch in der Wand aus und ein gehen. Außen ging von dem Loch eine Hühnerleiter zur Erde hinunter. Dieses Loch konnte von außen mit einem Holzklotz verschlossen werden. Obwohl im Winter auch noch ein alter Fetzen um den Holzklotz gewickelt wurde, zog es doch immer kalt herein.

Über dem Tisch hing eine Petroleumlampe mit Glasperlenschnüren. Hinter der Tür stand der Spucknapf. Es gab noch offenes Feuer in der Küche, und über dem Herd hing ein Wasserkessel.

Die sehr steile Steinstiege, die in den stockdunklen Keller führte, war immer feucht und rutschig. Die schwere Falltür war nicht leicht zu öffnen, und auch vom Keller zog es immer kalt herauf.

Die Küche war rauchschwarz und sehr dunkel, es gab nur ein kleines Fenster für den relativ großen Raum. Das Wasser mußte vom Brunnen vor dem Haus geholt werden. Das mag alles recht romantisch klingen und auch schön zum Anschauen sein, wenn man es im Freilichtmuseum sieht – doch darin zu leben und zu arbeiten ist etwas anderes.

Welcher vernünftige Mensch will es der Bäuerin verübeln, wenn sie sich über das verflieste Bad, die praktische Arbeitsküche, den E-Herd, die Waschmaschine und die anderen Annehmlichkeiten freut? Ist es nicht ganz selbstverständlich, daß sie froh ist, dort jetzt ein helles Zimmer zu haben, wo früher nur ein dunkles Gewölbe war, in dem wertlose Dinge lagen und das gerne als Kinderschreck gebraucht beziehungsweise mißbraucht wurde. Ich erinnere mich noch recht gut daran, daß auch ich mich immer gefürchtet habe, wenn die alte Bäuerin gedroht hat, sie würde mich ins „Gwöb" sperren.

Diese alte Bäuerin ist inzwischen gestorben, doch sie hat, wie gesagt, sich über diese Änderungen sehr gefreut, wenn sie auch mit diesen Errungenschaften nicht mehr selbst arbeiten konnte. Sie hat sich in dem alten Haus genug geplagt und dem offenen Feuer, der Petroleumlampe und den kleinen Fenstern keine Träne nachgeweint.

Daran wird oft nicht gedacht, wenn mit mehr oder weniger echter Melancholie und Schwärmerei dem „Schönen", „Alten" nachgetrauert wird. Es ist sicher gut und auch nötig, dieses Leben der jungen Generation zu überliefern, doch dürfte dabei nicht eine solch große Kluft zwischen Wirklichkeit und Darstellung sein.

Der Grund für diese Kluft liegt hauptsächlich darin, daß jene Menschen, die die Wirklichkeit kennen, sich kaum bewußt sind, daß dies eigentlich Kultur – echte Volkskultur – ist. Jene aber, die sich damit beschäftigen, haben kaum die Möglichkeit, die echte Wirklichkeit auch ungeschminkt kennenzulernen.

Der Gebirgsbewohner ist nicht sehr mitteilsam. Er vertritt die Ansicht, daß sein Leben die anderen nichts angeht, und ist somit nicht bereit, einem Fremden viel davon zu erzählen. Vielleicht liegt aber sogar ein gewisses Maß an Verantwortung bei der einfachen Landbevölkerung, besonders in eher abgelegenen Gebirgsgegenden, die Wirklichkeit des Alltagslebens früherer Zeiten an die jüngere Generation weiterzugeben.

In den Jahren nach dem Krieg haben die Menschen nicht gerne zurückgeschaut. Man wollte vergessen! Dieser Krieg hat für jeden schwere Zeiten gebracht. Man wollte die Erinnerung an diese Ereignisse mit Absicht aus dem Gedächtnis streichen. Doch damit ist auch vieles andere verlorengegangen, was sehr wohl wert gewesen wäre, daß man es festgehalten hätte. Sicher hängt auch damit der Konflikt zwischen den Generationen zusammen.

Wie sollten die Jungen die Alten verstehen, wenn sie kaum etwas von ihnen wissen und diese an ihre eigene Jugend nicht mehr denken wollen? Die Jugend unserer Eltern und auch unsere eigene Jugend ist soviel anders verlaufen als die Jugend unserer Kinder.

Verständnis wird nur dann möglich sein, wenn wir eine Brücke zwischen diesen beiden Welten bauen. Wir sollten das nicht nur den Wissenschaftern überlassen, sondern uns auch selbst dafür interessieren. Menschen, die dieses Leben *leben* konnten, müssen doch auch in der Lage sein, selbst davon zu berichten.

Ich habe festgestellt, daß es sich wirklich lohnt, sich mit dem Leben unserer Eltern und Großeltern auseinanderzusetzen. Je mehr man darüber erfährt, desto mehr wird einem klar, wie wenig man eigentlich bisher darüber gewußt hat. Ich habe mich eingehend mit dem Leben meines verstorbenen Vaters beschäftigt,[1]) und ich bin dabei auf viele Dinge gestoßen, die ich früher nie gewußt habe und die mir manches verständlicher gemacht haben. Vieles davon habe ich in dem Buch über meinen Vater geschildert.

Diesmal bin ich noch weiter zurückgegangen und habe mich mit dem Leben meiner Großmutter auseinandergesetzt. Sie war einundfünfzig Jahre lang Sennerin. Die

---

1 Barbara Waß, Mein Vater, Holzknecht und Bergbauer, Böhlau 1986.

Almwirtschaft, wie sie zur Zeit meiner Großmutter in der Gegend von Abtenau im salzburgischen Lammertal und Umgebung betrieben wurde, gibt es heute nicht mehr.

Viele Almhütten sind aufgelassen, andere als Wochenendhäuser verpachtet, wieder andere sind bereits völlig verfallen. Einige werden zwar noch bewirtschaftet – doch durchwegs als Jausenstationen oder gar als Pensionen. Zu diesem Zweck wurden in manchen Fällen große, moderne Gebäude auf den Almen gebaut; zu den meisten von ihnen führen Straßen.

Wo einst nur Vieh geweidet hat, gibt es heute riesige Parkplätze, und an schönen Tagen gibt es auf manchen Almen um ein Vielfaches mehr an Touristen als Vieh. Es ist noch gar nicht so lange her, daß man nur nach stundenlangen Fußmärschen auf diese Almen kam. Anstatt Motorengeräusch hörte man noch Kuhglocken. Ich möchte aber keinesfalls in verklärender Nostalgie schwelgen, sondern alles so schildern, wie es wirklich war.

Kuchl, im Sommer 1986 *Barbara Waß*

Großmutter

Offensichtlich neigte der Mensch schon immer dazu, die Vergangenheit mit einem Glorienschein zu versehen, denn schon der weise König Salomon sagte einmal: „Sprich nicht: Weshalb ist es geschehen, daß sich die früheren Tage als besser erwiesen haben als diese. Denn nicht zufolge von Weisheit hast du danach gefragt."

Auch Menschen, die heute bei jeder Gelegenheit beteuern, früher sei vieles besser gewesen oder da hätte es dies oder jenes Negative nicht gegeben, haben keinesfalls immer recht.

Um die Weihnachtszeit und besonders um den Muttertag wird viel von Menschen gesprochen, die sich gerade in dieser Zeit einsam fühlen, weil sie allein leben und von ihren Kindern oder Enkeln nicht besucht werden. Häufig wird in diesem Zusammenhang behauptet, dies sei eine Erscheinung unserer Zeit.

Früher hätten die alten Leute in der Großfamilie mitgelebt, hätten dort noch eine Aufgabe gehabt und wären somit nicht so einsam gewesen. Bei meinen Gesprächen mit älteren Leuten über frühere Zeiten wurden mir jedoch zahlreiche Episoden erzählt, die diese Annahme absolut nicht bestätigen.

Tatsächlich war die soziale Stellung alter Menschen sehr viel schlechter als heute, und wie bei so vielen anderen Dingen war die „gute, alte Zeit" auch in dieser Hinsicht alles andere als gut. Mir wurde von Fällen berichtet, wo die Altbauersleute von ihren Kindern und Enkelkindern nicht als Vater und Mutter, sondern bestenfalls als „Mandl" und „Weibi" bezeichnet wurden. Sie bekamen bei einigen Bauern nur unter großen Schwierigkeiten ihr Ausgedinge, oft nur einen kleinen Teil davon; manchmal lebten sie unter sehr schlechten Bedingungen in einem Raum, der eher ein Loch als eine Kammer war.

Mußten sie am Tisch mit allen anderen aus einer Schüssel essen, konnte dies sehr schlimm für sie sein. Alte Leute zittern oft, und so kam es, daß sie immer nur einen halben Löffel voll zum Mund brachten und dadurch nie satt wurden. Manche Altbauern hatten nicht einmal genug Geld, um sich ein bißchen Tabak für ihre Pfeife zu kaufen. Man erzählte mir, daß sie neben sich auf der Hausbank Nuß- oder Haselnußblätter trockneten, damit sie etwas hatten, was sie rauchen konnten.

Von einem Fall wurde mir erzählt, wo der Altbauer so krank war, daß er nicht mehr aufstehen konnte. Man ließ ihn ganz verwahrlosen. In seinem Bett gab es Massen von Läusen und Flöhen. Als er schließlich starb, erlaubte die Bäuerin nicht, daß er über die Stiege aus dem Haus gebracht wurde. Sie sagte, sie würde sich die Läuse und Flöhe nicht auch noch ins übrige Haus schleppen lassen. Der tote Altbauer wurde schließlich durch den Heustadel aus dem Haus gebracht.

War schon das Los mancher alter Bauersleute schlimm, so war es bei armen Leuten noch viel schlimmer. Man erzählte mir aber auch von Bauern, die den Hof nicht übergeben wollten, obwohl der Sohn schon fünfzig Jahre oder sogar noch älter war. Er wurde wie ein Knecht behandelt, allerdings mit dem Unterschied, daß er keinen Lohn bekam.

Dasselbe galt natürlich für die Schwiegertochter, die oft auch bei ihren eigenen Kindern keinerlei Rechte hatte und von der Schwiegermutter in jeder Weise unterdrückt wurde. Ein krasses Beispiel dafür ist eine Bergbäuerin, die ich selbst noch gut kannte und die erst kürzlich verstorben ist.

Jedesmal wenn sie schwanger war, mußte sie von der Schwiegermutter schwere Vorwürfe über sich ergehen lassen. Dabei konnte sie doch überhaupt nichts dafür, denn von Familienplanung hatte sie natürlich keine Ahnung und ihr Mann auch nicht. „Schon wieder so ein verdammtes Luder mehr", pflegte die Altbäuerin zu sagen, „eh sind schon so viele Fresser da!" Unter solchen Umständen brachte die Frau fünf Kinder zur Welt.

Wenn es ihr einmal gelang, ein paar Eier oder ein Stück Butter unbemerkt zu verkaufen und dafür etwas für die Kinder zu kaufen, dann mußte sie das Eingekaufte unter ihren Kleidern an der Brust verstecken. Sie steckte es den Kindern dann heimlich zu, daß die Altbäuerin es nicht bemerkte. Kein Wunder, daß die Kinder in diesen Verhältnissen nicht besonders gut gediehen. Ein Mädchen erkrankte an der „englischen Krankheit" – so wurde die Rachitis, eine typische Mangelerkrankung, damals genannt.

Um das Jahr 1938/39 wurde den Kindern aufgrund politischer Interessen schon mehr Aufmerksamkeit geschenkt. Deshalb kam das Mädchen – vermutlich durch die Intervention einer Nachbarin, die die Verhältnisse kannte und der das Kind leid tat – auf einen Pflegeplatz im Nachbarort. Die Altbäuerin war sehr wütend darüber, da dadurch der Zustand des Kindes in der Gemeinde bekannt wurde. Das Mädchen erholte sich auf seinem Pflegeplatz gut und kam gesund nach Hause zurück. Sie starb allerdings schon mit sechsunddreißig Jahren an Krebs.

Es soll aber auch Bäuerinnen gegeben haben, die aus Geiz nicht einmal ihren eigenen Kindern genug zu essen gaben. Meine Großmutter wußte von so einem Fall zu berichten, den sie selbst aus unmittelbarer Nähe erlebt hat: Im Haus waren mehrere Kinder, die immer hungrig waren, und das, obwohl es wirklich nicht nötig gewesen wäre.

Die Kinder fanden schließlich einen Weg, ihren mageren Speiseplan aufzubessern. Wenn ihre Mutter im Stall war, warteten sie, bis sie sich zu einer Kuh setzte, um zu melken. Einer oder zwei paßten auf, und die anderen liefen in den Keller und holten sich etwas zu essen.

Zwischendurch vergewisserten sie sich, ob die Luft noch rein war, indem sie fragten: „Huckt s'Weibi nu?“ (huckt = sitzt). Solange die Bäuerin bei der Kuh saß, hatten sie Ruhe. Doch wehe, wenn sie erwischt worden wären.

Solche Vorkommnisse lassen vielleicht in einem anderen Licht erscheinen, warum es alten Leuten manchmal schlechtging, wenn das auch weitaus nicht immer der Grund war. Doch solche Altbauersleute waren teilweise selbst schuld, daß es schlimm für sie wurde, wenn sie einmal nicht mehr in der Lage waren, auf dem Hof das Regiment zu führen.

Es gab aber auch viele alte Leute, die völlig unverschuldet die letzten Jahre ihres Lebens unter sehr schlimmen Verhältnissen verbringen mußten. War das „Einlegen gehen“[1]) ohnehin schon eine sehr traurige Angelegenheit, so konnte es durch gewisse Umstände noch verschlimmert werden. Um überhaupt in einer Gemeinde Einlegen gehen zu dürfen, mußte man dort das Heimatrecht besitzen. Es konnte aber passieren, daß man in der Gemeinde, in der man lebte, kein Heimatrecht bekam.

Meine Mutter ist zum Beispiel in Abtenau geboren, dort aufgewachsen, und sie hat auch dort gearbeitet. Sie bekam allerdings in Abtenau kein Heimatrecht zugestanden. Der Grund war, daß ihr Vater aus St. Kolomann, einer Nachbargemeinde, stammte. In St. Kolomann wollte man ihr wieder kein Heimatrecht zugestehen, weil sie eben in Abtenau geboren und aufgewachsen war und weil ihr Vater auch in Abtenau lebte. Erst mit sechsundzwanzig Jahren bekam sie schließlich doch einen Heimatschein für St. Kolomann. Für meine Mutter war das später ja nicht mehr so von Bedeutung. Wenn das jedoch jemand früher passiert war, dann mußte er schließlich in einer Gemeinde Einlegen gehen, in der ihn beziehungsweise sie

1 Einleger waren alte Leute, die nicht mehr arbeiten konnten. Da sie keine Rente bekamen, mußten sie für jeweils ein paar Tage von Bauer zu Bauer gehen und bekamen dort Unterkunft und Verpflegung.

niemand kannte, was das schwere Los sicher noch verschlimmerte.

In den zwanziger Jahren und auch noch in den dreißiger Jahren hatte es in dieser Gegend noch Einleger gegeben. Doch auf all diese Dinge bin ich nur nebenbei gestoßen, als ich versuchte, etwas über das Leben meiner Großmutter zu erfahren. Überhaupt habe ich mich mit Großmüttern im allgemeinen ein bißchen auseinandergesetzt. Ich habe die Großmütter in meiner Umgebung beobachtet und bin zu dem Ergebnis gekommen, daß Kinder heute vermutlich eine ganz andere Vorstellung von ihren Großmüttern haben als etwa noch jene Generation, die in den Kriegsjahren oder kurz davor geboren wurde und zu der auch ich gehöre.

Stadtkinder haben vielleicht ihre Ferien bei einer Großmutter auf dem Land verbracht oder sind auch vor dem Bombardement der Städte zu ihrer Großmutter aufs Land geflüchtet. Hier im Gebirge hatte man nur wenig Bindung zur Großmutter, wenn sie nicht in der Familie oder in unmittelbarer Umgebung gewohnt hat. Es mußten ja alle Wege zu Fuß gemacht werden, und wenn man vier, fünf Stunden hin- und dann wieder zurückzugehen hat, dann tut man das nicht sehr oft.

Da kam es vor, daß familiäre Bindungen sehr locker waren. Wenn etwa Geschwister schon jung getrennt worden waren, kannten sie einander kaum, besonders dann, wenn sie nicht in der gleichen Gemeinde waren. Waren sie im selben Ort, so trafen sie sich auf dem Kirchgang, doch wenn dies nicht der Fall war, dann konnte es schon vorkommen, daß sie einander jahrelang nicht sahen. Es gab für Dienstboten nicht genug Freizeit, daß sie einen Besuch in einer anderen Gemeinde machen konnten. Mein Onkel erzählte mir, daß er in seiner frühen Jugend meinen Vater nicht einmal richtig gekannt hat. Er war bei Bauern in Annaberg, mein Vater in Abtenau. Zwischen den beiden liegt ein Altersunterschied von acht Jahren, und mein Vater war schon aus dem Haus, als mein Onkel geboren wurde.

So ähnlich war auch in vielen Fällen das Verhältnis zwischen Großeltern und Enkeln. Ich erinnere mich nur an meine Großmutter mütterlicherseits – und auch an sie nur sehr schwach. Meine zweite Großmutter, die auch viele Jahre Sennerin war, starb bereits vor meiner Geburt und meine Großväter ebenfalls.

Großmutter kam ganz selten, höchstens einmal im Jahr, zu uns auf Besuch. Und wenn sie einmal kam, dann blieb sie nicht lange, denn es war ihr bei uns zu einsam. Ich kann mich an keinen ihrer Besuche richtig erinnern. Ich habe bei meiner Großmutter nur einen einzigen Besuch gemacht, und meine Erinnerung daran ist alles eher als erfreulich.

Diesen Besuch machte ich mit meiner Mutter zusammen. Wir hatten vier Stunden hin- und dann wieder zurückzugehen und daher nicht lange Zeit dortzubleiben, denn Mutter mußte zur Stallzeit wieder zu Hause sein.

Großmutter wohnte in einem „Stiwi" – das ist ein Stüberl – bei einem Bauern, bei dem sie viele Jahre Sennerin gewesen war. Obwohl einige ihrer Kinder gar nicht so weit von ihr entfernt wohnten, hatte sie niemanden, der ihr geholfen hätte.

Ihr Leben lang war sie Sennerin gewesen. Für sie gab es immer nur die Alm, das Vieh und ihren Hund, der sie bis zu ihrem Tod auf Schritt und Tritt begleitete. Das Leben meiner Großmutter war wohl das, was man heute als Selbstverwirklichung bezeichnen würde. Leider sind dabei ihre Kinder, ihre Ehe und in ihrem Alter schließlich auch sie selbst auf der Strecke geblieben.

Ihre Kühe, ihre geliebten „Kaibei", die Kälber, und ihr Hund konnten ihr nicht helfen, als sie Hilfe gebraucht hätte. Sie war damals schon so krank, daß sie nicht mehr in der Lage war, sich selbst und ihre Umgebung halbwegs sauber zu halten. Bei dem Bauern, bei dem sie wohnte, kümmerte sich niemand um sie. Ich weiß noch, daß meine Mutter die Kammer zusammengekehrt hat und daß sich der Misthaufen auf dem Boden bewegt hat, weil so viele

Flöhe dabei waren. Daß der Hund immer bei ihr im Bett war, verschlimmerte den Zustand natürlich noch.

Es waren furchtbare Verhältnisse. So konnte es natürlich nicht bleiben. Doch Großmutter weigerte sich strikt, ins Krankenhaus zu gehen, weil sie sich nicht von ihrem Hund trennen wollte. Nach diesem traurigen Besuch, den ich mit meiner Mutter bei meiner Großmutter gemacht habe, bemühte sich mein Vater um eine Lösung.

Er erreichte schließlich, daß meine Großmutter samt Hund im Krankenhaus aufgenommen wurde. Sie bekam eine kleine Kammer unten im alten Krankenhaus, das inzwischen längst durch ein neues, modernes Gebäude ersetzt wurde, und der Hund durfte auf einer Decke vor ihrem Bett liegen. Großmutter starb schon bald darauf. Es war ein schlimmes, trauriges Ende. Es war Anfang November 1951, ich war damals sieben Jahre alt. Sehr viel weiß ich nicht mehr davon, wie es damals zugegangen ist.

Da ja meine Großmutter im Krankenhaus gestorben war, wurde sie wahrscheinlich in der Totenkapelle aufgebahrt. Jetzt gibt es in Abtenau auch schon längst eine Leichenhalle, doch noch in meiner Jugend war es üblich, daß die Toten zu Hause aufgebahrt wurden.

Verwandte, Nachbarn und Bekannte gingen dann „Betn". Das „Betngehn" vollzog sich in dieser Gegend nach einem ganz eigenen Brauch. Die „Beter" fanden sich in kleineren Gruppen zusammen und gingen ins Haus des Toten. Es gab dazu keine bestimmten Zeiten, die meisten jedoch kamen in den Abendstunden. Die Leute wurden an der Haustür von einem Sohn des Verstorbenen oder einem nahen Verwandten begrüßt. Dieser gab jedem die Hand und sagte: „Bittigosche (ich bitte gar schön) ums Betn." Dann ging die Gruppe ins Zimmer, in dem der Verstorbene aufgebahrt war, und begann laut den Rosenkranz zu beten, wobei die Männer vor- und die Frauen nachbeteten.

In den Abendstunden kamen vier, fünf und mehr Gruppen zusammen. Die Leute standen nicht nur im Totenzimmer, sonden auch davor und manchmal bis über die Stiegen hinunter. Jede Gruppe betete den Rosenkranz für sich, das ergab oft ein ziemliches Durcheinander. Man mußte schon sehr aufpassen, wollte man immer wissen, wo man dazugehörte. War eine Gruppe fertig, dann ging sie hinaus, und die anderen rückten nach. Nach dem Beten wurden die Leute in die Stube gebeten und mit Krapfen und einem Schnaps bewirtet. An der Haustür wurden sie wieder verabschiedet, und es wurde für das Beten gedankt.

Auch auf dem Weg zur Kirche und bei der Beerdigung selbst wurde auf diese Art gebetet. Hier allerdings gingen Männer und Frauen getrennt und beteten jeweils in kleinen Gruppen. Früher mußten Leichen zur Beerdigung ja sehr weite Wege gefahren oder vielfach auch getragen werden. Ging der Zug steil bergauf, dann hörte man vorübergehend mit dem Beten auf. Wenn so ein Leichenzug an einem vorbeiging, dann hörte man ein vielstimmiges, unverständliches Gemurmel.

Bei der Beerdigung meiner Grußmutter sah ich auch die Geschwister meiner Mutter, die ich, mit Ausnahme einer Halbschwester, nicht gekannt hatte. Mutter hatte nur wenig Kontakt mir ihren Geschwistern gehabt. Nach Großmutters Tod wurde der Kontakt jedoch noch loser, da es dabei zu Unstimmigkeiten gekommen war.

Die Geschwister hatten meinen Vater gebeten, alles für Großmutters Beerdigung zu erledigen, sie würden dann ihren Anteil bezahlen. Die Beerdigung kostete damals eintausendsechshundert Schilling, es wären auf jeden vierhundert Schilling gekommen. Allerdings hat Vater das Geld nie bekommen. Auch hatten sich die Geschwister nicht um Großmutter gekümmert, obwohl sie nicht so weit entfernt gewesen wären.

Doch es gab vieles in Großmutters Leben, das mit zu diesem traurigen Zustand beitrug. Mutters Halbschwester, die um zehn Jahre älter war als meine Mutter, erzählte mir viele Jahre später einmal einiges. Diese Tante hatte von ihrer Mutter die Liebe zur Alm und zum Vieh geerbt, und sie war ebenfalls in ihrer Jugend und dann wieder in ihrem Alter Sennerin. Sie war in ihrer Jugend auch zusammen mit ihrer Mutter, also meiner Großmutter, Sennerin, und sie war überhaupt viel mehr mit Großmutter zusammen als meine Mutter.

Großmutter hatte elf Kinder, von denen aber nur fünf am Leben blieben. Das war in dieser Zeit nichts Besonderes. Viele Kinder starben schon bald nach der Geburt oder in den ersten Lebensjahren. Auch Großmutters erstes Kind, es war ein Bub, starb schon bald nach der Geburt. Er war zwar ein lediges Kind gewesen, doch für Großmutter war das nicht so schlimm wie für viele andere Bauernmägde.

Sie war zwar keine Bauerntochter, doch sie hatte ein richtiges Zuhause gehabt. Ihre Eltern hatten eine kleine Landwirtschaft gehabt. Großmutter kam über den Tod dieses Kindes nie hinweg. Seltsamerweise bedeuteten ihr alle ihre anderen Kinder nicht mehr soviel. Sie kümmerte sich auch nur sehr wenig um diese. Die Kinder wurden durchwegs von ihrer Mutter, also von meiner Urgroßmutter, aufgezogen. Meine Großmutter lehnte es ab, wegen der Kinder von der Alm zu Hause zu bleiben.

Drei Tage vor der Entbindung ging sie von der Alm nach Hause, und sobald sie vom Wochenbett aufstehen und gehen konnte, ging sie wieder auf die Alm. Nichts konnte sie davon abhalten, weder ihre eigenen Kinder noch ihre Mutter, noch ihr Mann.

In ihrer Jugend hatte sie den Heiratsantrag eines Großbauern ausgeschlagen, weil sie ja dann zu Hause bleiben und Bäuerin hätte sein müssen. Sie aber wollte auf die Alm und Sennerin sein. Das war ihr Leben, und sie war unter keinen Umständen bereit, dieses Leben aufzugeben.

Ich habe versucht herauszufinden, was einen Menschen so an die Alm binden kann, daß alles andere im Leben nur noch zweitrangig ist, doch genau konnte mir das niemand sagen. Und doch gab es nicht wenige Frauen, die bereit waren, alles andere zurückzustellen, wenn sie nur auf der Alm und beim Vieh sein konnten.

Ich glaube fast, die Alm übt auf manche Menschen eine ähnliche Macht aus wie auf andere das Meer. Bekanntlich gibt es ja auch genug Menschen, die es immer wieder auf die See hinauszieht, ohne daß sie selbst genau definieren können wieso.

Sennerinnen

Meine Großmutter ist im Jahr 1876 geboren. Schon als ganz junges Mädchen war sie zusammen mit ihrer Mutter auf eine Alm im Taborgebiet (bei Abtenau) gegangen. Später war sie dann auf verschiedenen anderen Almen in der Umgebung von Abtenau. Sie war noch Sennerin, als sie schon über siebzig Jahre alt war.

Ein Sommer, den sie nicht auf der Alm verbringen konnte, war für sie ein verlorener Sommer. Das änderte sich auch nicht, als sie im Jahr 1906 heiratete. Wenn es auch nur wenige Frauen gegeben haben mag, die so besessene Sennerinnen waren wie meine Großmutter, so gab es doch viele, für die die Alm und das Vieh einfach ihr Leben waren.

Ich fragte eine Bäuerin, die seit 1941 mit wenigen Unterbrechungen im Sommer auf der Alm ist und dort auch eine Jausenstation betreibt, weshalb sie eigentlich immer wieder auf die Alm geht. Sie wußte es selbst nicht so genau zu sagen. Sie meinte, zu Hause könnten sie sonst weniger Vieh füttern, und es habe sich eben so ergeben. Sie sei halt gerne auf der Alm, und sie könnte sich auch gar nichts anderes vorstellen.

Sie meinte, die Kühe wollten ja auch auf die Alm. Wenn sie im Frühling auf die Wiese kämen, würden sie schon ganz unruhig. Sie wüßten ganz genau, daß jetzt wieder die Almzeit komme. Besonders eine Kuh „plärrt schon immer, wenn sie hinauskommt", meinte sie, und dann fügte sie noch hinzu: „Die ist ja noch viel blöder als ich!" Daß das Vieh im Frühjahr ganz genau spürt, daß bald die Almzeit kommt, wurde mir auch von anderen bestätigt.

Eine andere Bäuerin, die im Sommer ebenfalls viel Zeit auf der Alm ist, wo die Tochter die Jausenstation betreibt und das Vieh versorgt, erzählte mir, daß schon gar keine Kuh zu Hause bleiben wollte, wenn die anderen auf die Alm gingen. „Die jammerten anders, wenn eine daheimbleiben müßte", meinte sie.

Eine andere ehemalige Sennerin erzählte mir, sie sei auf die Alm gekommen, weil es ihr der Arzt geraten hatte. Sie sei damals nicht gesund gewesen, und der Arzt habe ihr gesagt, sie solle doch auf die Alm gehen, dann würde sich ihr Leiden von selbst heilen. Durch Zufall erfuhr sie dann auf einer Hochzeit von einem Bauern, der eine Sennerin suchte, und sie kam dadurch als Sennerin auf die Alm. Vorher hatte sie in einem Gasthaus gearbeitet. Sie erholte sich auf der Alm tatsächlich gut, und ihre Krankheit verschwand ohne Medikamente.

Das alles zeigt schon, daß Sennerin nicht unbedingt eine Berufswahl war. Eine wirkliche Berufswahl gab es ja früher in dieser Gegend nicht. Manche Frauen sind Sennerin geworden, weil eben die Umstände entsprechend waren. Dies trifft besonders auf Bauerntöchter zu. Bei vielen Bauern war ja eine Tochter oder eine unverheiratete Schwester des Bauern Sennerin. Da kam es nicht selten vor, daß junge Mädchen schon mit sechzehn Jahren auf die Alm gehen mußten, weil sonst niemand da war oder der Bauer nicht jemand Fremden anstellen wollte oder konnte.

An sich war der „Beruf" einer Sennerin sehr begehrt und wurde nur dann hoffremden Dienstboten überlassen, wenn auf dem Hof selbst niemand dazu da war. Brauchte ein Bauer eine fremde Sennerin, dann war ihm meist lieber eine schon etwas ältere Frau als ein junges Mädchen. Das hatte mehrere Gründe. Ältere Frauen waren erfahrener beim Vieh, und bei einer jungen, hübschen Sennerin fürchteten die Bauern, daß „d'Hütten voll Löda" (Burschen) sein könnte. Das war den Bauern aus mehreren Gründen nicht recht. Ein Grund war auch der, daß die Sennerin die Leute mit den Almprodukten bewirten könnte.

So kam es, daß die Sennerinnen meist ein recht bunt zusammengewürfeltes Völkchen waren. Junge und Alte, Flotte und weniger Flotte. Man erzählte mir, daß auch einige recht „wülde Menscha“ dabeigewesen sind.

So soll es eine Sennerin gegeben haben, die regelmäßig gewildert hat. Dem Jäger aber gelang es nie, sie zu überführen. Die Voraussetzungen waren für sie sehr günstig, denn ihre Hütte stand allein. Daß sie dabei einen Helfer gehabt hat, der das Wild wegbrachte und verkaufte, versteht sich von selbst, aber die beiden haben geschickt zusammengearbeitet. Es gab zwar Gerüchte, und die Leute wußten Bescheid, aber aufgekommen ist doch nie richtig etwas.

Eine Sennerin, die ich auch noch gut gekannt habe, war eine ganz besessene Tänzerin. Wenn sie irgendwo Musik hörte, dann mußte sie tanzen. Als Tanzpartner war ihr jeder recht, der in der Nähe war, da war niemand zu jung und niemand zu alt. Ein ehemaliger Hüterbub erzählte mir, wie sie ihn einmal erwischte. Er war damals noch sehr jung und sehr schüchtern. Doch das machte der Sennerin nichts aus, auch nicht, daß er überhaupt nicht tanzen konnte. Sie packte ihn einfach und sagte: „Komm her, Lehrbua!“ – und dann wurde getanzt.

Überhaupt gab es auch früher unter den Frauen, natürlich auch unter den Sennerinnen, viele, die sich sehr wohl zu behaupten wußten, auch ohne Emanzipation. Meine Großmutter gehörte offensichtlich auch dazu, denn sonst wäre sie nicht immer ihrem Ziel, Sennerin zu sein, gefolgt. Sie ging den Weg, den sie sich für ihr Leben vorgestellt hatte, ohne Rücksicht auf irgendwelche Verluste.

Es gab aber auch Typen darunter, die man sich heute überhaupt nicht mehr vorstellen kann. So gab es eine, die immer Männerkleidung trug. Und das zu einer Zeit, in der die Frauen normalerweise noch nicht einmal Unterhosen trugen, von langen Hosen ganz zu schweigen. Wenn sie austreten mußte, dann benutzte sie für diesen Zweck eine Rinne aus Baumrinde, die sie eigens dafür in der Tasche trug.

Von einer Bäuerin aus einer Nachbargemeinde erzählte man mir, daß am Sonntag mitten unter den Leuten auf dem Kirchplatz manchmal ein Bächlein unter ihr weggeronnen ist. Sie hat einfach, während sie mit den anderen Leuten geredet hat, ein wenig ihre Röcke gehoben ...

Teilweise gab es schon sehr rauhe Sitten. Ich habe da als Kind von alten Leuten noch manches erlebt, wodurch ich mir solche Vorkommnisse gut vorstellen kann. Die Verhältnisse waren eben vor fünfzig, sechzig Jahren auf dem Land noch völlig anders.

Aber zurück zu den Sennerinnen auf der Alm. Weshalb Frauen gern auf die Alm gingen, hatte sicher mehrere Gründe. Außer der Liebe zum Vieh und zu der Alm überhaupt ermöglichte das Leben auf der Alm ein recht unabhängiges Leben. Die Sennerin war ein freier Mensch, sie war mehr oder weniger ihr „eigener Herr". Wenn sie das Vieh gut versorgte, redete ihr der Bauer nichts drein. Das Vieh war ja die Existenz des Bauern, und wenn jemand da fleißig war, dann war das sehr wichtig. Von einer guten Sennerin hing viel ab.

So wird die Sennerin irgendwie bevorzugt behandelt. Sie hatte auch gewisse Privilegien gegenüber den anderen Dienstboten. Gab es auf dem Hof etwa Reibereien unter den Dienstboten, dann hatte die Sennerin eher die Oberhand. Die anderen Dienstboten waren immer unter Aufsicht, während die Sennerin sich ihre Arbeit mehr oder weniger selbst einteilen konnte.

Zwar mußte sie sehr früh aufstehen, im Sommer schon um drei Uhr oder sogar noch früher, doch wenn sie mit ihrer Arbeit fertig war, hatte sie eine Zeitlang Ruhe. Sie konnte am Nachmittag eine Weile schlafen oder sonst etwas tun. Sie hatte Zeit für sich selbst.

Auf dem Hof gab es das nicht. Wenn die Dienstboten im Sommer um zwei Uhr aufstehen mußten, weil es zum Mähen war, dann hatten sie tagsüber deshalb ganz sicher auch keine Freizeit. Im Gegenteil, solche Tage waren für sie besonders anstrengend, denn es war den ganzen Tag zum Heuen.

Die Sennerinnen waren auch nicht der Hitze auf den Feldern ausgesetzt. Es konnte auf der Alm jederzeit jeder kommen und gehen, wenn nicht gerade jemand vom Hof da war. Das wäre auf dem Hof undenkbar gewesen.

Früher, als noch die meisten Hütten bewirtschaftet waren, war es auf den Almen oft viel weniger einsam als auf so manchem Bergbauernhof. Es herrschte ein reges Kommen und Gehen.

Es gab ja nicht viel Vergnügen und nicht viele Veranstaltungen. Für die jungen Leute war im Sommer das Hauptvergnügen, am Sonntagnachmittag oder am Samstagabend auf die Alm zu gehen. So manche Almhütte war an solchen Tagen zum Bersten voll. Irgend jemand spielte auf einer Harmonika oder auf einem „Fozhobl" (Mundharmonika). Da konnte es schon vorkommen, daß die Leute gerade rechtzeitig in der Früh zur Arbeit nach Hause kamen.

Eine Frau erzählte mir, sie sei nach einer solchen Nacht, nach einem solchen „Almblitz", einmal bei der Arbeit eingeschlafen. Sie mußte nämlich am nächsten Tag ganz allein „Hoar" jäten (Hoar = Flachs). Das war ohnehin eine langweilige Arbeit. Noch dazu war es sehr warm, und da fiel sie einfach vornüber in den Flachs und schlief ein. Sie schlief wohl eine ganze Weile, doch konnte sie vom Haus aus nicht gesehen werden, weil eine Hütte dazwischen stand. So fiel es niemandem auf. Nur im Flachs blieb eine Stelle, wo die jungen Halme niedergedrückt waren.

Mein Großvater war übrigens ein guter Mundharmonikaspieler. Er saß oft stundenlang, ja nächtelang in der Hütte meiner Großmutter auf der Herdbank und spielte. Meine Mutter erinnert sich noch daran, daß sie als kleines Mädchen dabei auf seinem Schoß liegen und zuhören durfte, wenn sie einmal auf der Alm war. Erst wenn sie vor Müdigkeit eingeschlafen war und herunterzufallen drohte, wurde sie ins Bett gebracht.

In der Hütte meiner Großmutter gab es recht oft Unterhaltung. Die Leute gingen gerne hin, und Großmutter hatte auf diese Weise einen großen Bekanntenkreis. Das war übrigens mit ein Vorteil des Lebens einer Sennerin. Auf die Almen kamen die Leute von verschiedenen Seiten und aus verschiedenen Orten. Die eine oder andere Sennerin heiratete schließlich dadurch auch an einen anderen Ort.

Im Postalmgebiet, in dem meine Großmutter sehr lange Sennerin war, verkehrten auch viele Leute aus dem Salzkammergut. Die „Entern" wurden sie genannt, und man meinte damit die Leute von „drüben", speziell aus Bad Ischl, Strobl, die „Aberseer" (ein Ort am Wolfgangsee) usw. Die „Entern" waren es auch, die folgenden Spruch auf die Hütten im Wiesler (eine Alm im Postalmgebiet) aufgebracht haben:

Bei der ersten Hütten bin i niedagsessen,
Bei der zweiten Hütten hab i Mili gessn,
Bei der dritten Hütten war der Riegel für,
Bei der vierten Hütten war mir d'Sennrin z'schiach,
Bei der fünften Hütten hab i einigschaut,
Sitzt der Jaga drin und frißt a Kraut.
Bei der sechsten Hütten habm mi d'Flöh vertriebn,
Und bei der siebten Hütten bin i bliebm.

Großmutter war bei der siebten Hütte Sennerin. Sie hatte viele gute Bekannte aus den Orten im Salzkammergut, und sie machte auch manchmal einen Besuch dort. Wer von den anderen Leuten aus dieser Gegend kam damals schon ins Salzkammergut?

Es war auch eine Sensation, daß sie dabei mit der Ischler Bahn fuhr, wo sehr viele Leute hier überhaupt noch nie einen Zug gesehen hatten. Bis zur nächsten Bahnstation in Golling war es vier Stunden zu gehen. Es bestand ja für die Leute auch gar keine Notwendigkeit, etwa nach Salzburg zu fahren. In Abtenau war alles da, was man brauchte. Es gab dort auch ein Gericht und ein Grundbuch. Bis ins Salzkammergut war es eine „weite Reise". Erst in den fünfziger Jahren kam es vor, daß eine Firmfahrt ins Salzkammergut ging, doch da mußte man schon einen guten „Gödn" (Paten) haben.

Großmutters Verbindungen nach „drüben" waren sehr eng. So stammte auch der Vater einer ihrer Töchter aus Bad Ischl. Der Mann hat sich wahrscheinlich bei einem Gang auf die Alm eine Lungenentzündung zugezogen und ist sehr jung gestorben. Er war ein Bauernsohn, und meine Tante verbrachte als Kind mehrmals einige Zeit auf dem Heimathof ihres verstorbenen Vaters.

Sie hatte dort ein Erlebnis, das sie niemals mehr vergessen sollte. Sie erzählte mir selbst einmal davon: Sie war gerade in Bad Ischl, als der Kronprinz Franz Ferdinand ermordet wurde. Als damals Vierzehnjährige hatte sie den Einzug des Kaisers in seine Sommerresidenz in Ischl miterlebt und dann auch die Nachricht vom Tod des Thronfolgers und die folgenden Ereignisse mitbekommen. Die Leute in der Umgebung von Bad Ischl waren ja besondes eng mit dem Kaiserhaus verbunden.

In Abtenau selbst waren der Kaiser und alles, was damit zusammenhing, viel weiter weg, und so war dieses Ereignis für gleichaltrige Leute in dieser Gegend sicher bei weitem nicht ein so bleibendes Erlebnis wie für meine Tante.

Diese Tante war dann schon als sehr junges Mädchen zusammen mit ihrer Mutter Sennerin. Die Hütte gehörte zwar einem einzigen Bauern, doch sie wurde eine Zeitlang wie eine Doppelhütte bewirtschaftet. Der Grund lag darin, daß der junge Bauer nicht recht wirtschaften konnte. So behielt sich der alte Bauer bei der Hofübergabe die Alm und einen Teil vom Vieh zurück. Meine Großmutter war Sennerin beim alten, und meine Tante wurde Sennerin beim jungen Bauern. Meine Tante heiratete schließlich den jüngeren Sohn des Bauern, und dieser erbte später auch die Alm.

Großmutter blieb dort Sennerin. Sie war von ihren mehr als fünfzig Sommern auf der Alm allein achtunddreißig Jahre in dieser Hütte. Meine Tante war insgesamt vierundzwanzig Jahre in der Hütte Sennerin. Zuerst in jungen Jahren zusammen mit ihrer Mutter und dann später wieder lange Zeit, als sie schon Altbäuerin war. Wie

Großmutter hatte auch sie eine ganz besondere Bindung zur Alm, und sie war noch Sennerin, als sie schon über siebzig war. Als sie nicht mehr auf die Alm gehen konnte, wurde auch diese Alm aufgelassen.

In den letzten Jahren, ehe diese Almen aufgelassen wurden, gab es dort schon eine Straße, und die Milch wurde hinuntergefahren und in die Molkerei gebracht. Nur auf den Almen, wo es noch keine Straße gab, wurde die Milch verarbeitet.

Almen früher und heute

Ich habe mit Sennerinnen beziehungsweise ehemaligen Sennerinnen gesprochen, mit ehemaligen Hüterbuben, mit Almbauern und Bäuerinnen und mit Leuten, die oftmals Vieh auf die Alm hinauf- und wieder heruntergetrieben haben. Und ich habe auch meine eigenen Erinnerungen ausgegraben.

In meiner Kindheit waren noch die meisten Almen bewirtschaftet, doch dann sind im Sommer immer mehr Hütten leer geblieben. Als Kind bin ich oft auf eine Alm gekommen, und ich habe auch einmal ein paar Wochen meiner Ferien bei meiner Tante in der Hütte verbracht, in der auch meine Großmutter jahrzehntelang Sennerin war. So hatte ich Gelegenheit, die Arbeit und das Leben der Sennerinnen noch aus unmittelbarer Nähe kennenzulernen.

Damals war diese Hütte noch „offen", das heißt, es gab noch offenes Feuer. Später wurden ja viele Hütten „geschlossen", es wurden Kochherde aufgesetzt. Dadurch wurde eigentlich der Charakter der Almhütten sehr verändert. Es war nicht nur, weil nun ein Kamin auf dem Hüttendach war, es änderte sich dadurch die ganze Atmosphäre der Almhütte.

Bei der offenen Hütte sah man kaum einmal Rauch aufsteigen, höchstens ein bißchen beim Anheizen, doch man konnte das Feuer schon sehr weit riechen. Dadurch, daß der Rauch langsam durch die Hütte hinauszog, ergab sich ein ganz eigenartiger Geruch. Es war eine Mischung aus Holz, Harz und Rauch. Dieser Geruch ist sogar noch in alten Hütten, die schon dreißig Jahre nicht mehr bewirtschaftet werden. Ein ehemaliger Hüterbub, der mich auf einem meiner Erkundungsgänge begleitet hat, erzählte mir, daß er schon riechen konnte, daß die Sennerin eingeheizt hat, wenn er auch noch sehr weit von der Hütte entfernt war. Wenn der Wind richtig war, konnte es bis zu einer Stunde sein.

Um mir besser vorstellen zu können, wie es früher war, bin ich stundenlang über verschiedene Almen gegangen, habe in alte, teilweise auch schon verfallene Hütten gesehen und habe an Ort und Stelle mit Leuten gesprochen, die die Almwirtschaft noch gut kannten und auch selbst noch betrieben haben oder sogar noch beziehungsweise wieder betreiben. Einige von ihnen kannten auch meine Großmutter noch. Allmählich ist vor mir ein Bild entstanden, wie meine Großmutter hier gearbeitet und gelebt hat, wie sie über diese Almen gegangen ist, um ihr Vieh zu suchen und zur Hütte zu treiben.

Die Almen sind ja gleich geblieben, wenn auch viele Hütten inzwischen verfallen sind, und auch von den alten Wegen ist teilweise kaum noch etwas zu sehen. Zu fast allen diesen Almen führen heute Straßen.

Als ich mit meinen Nachforschungen begann, hatte ich eine negative Einstellung zu diesen Straßen, gegen die Jausenstationen und besonders gegen die Schilifte, durch die leider viel Schaden angerichtet wird. Doch ich mußte meine Einstellung etwas korrigieren, zumindest was die Straßen und die Jausenstationen betrifft.

Es geht ja einerseits um die Existenz der Bauern, die nach Möglichkeit Werte, die sie besitzen, nicht brachliegen lassen wollen, was durchaus verständlich ist. Es sind nur die schönen Tage, die einträglich sind, und das sind im Laufe eines kurzen Almsommers ohnehin nicht viele. Andererseits sind es gerade diese Straßen und Jausenstationen, durch die diese wunderschönen Almgebiete, die sicher zu den wertvollsten Erholungsräumen gehören, erschlossen werden. Das Postalmgebiet ist das zweitgrößte zusammenhängende Almgebiet Europas. Gäbe es diese Straßen nicht, so hätten nur wenige Menschen Zeit und

Möglichkeiten, auf diese Almen zu kommen, die Schönheiten und die gute Luft zu genießen.

Leider wird sehr oft übertrieben. Wenn man die Almen von früher kennt, tut es direkt weh, wenn man manche von den umgebauten Hütten sieht. Einige sind zu richtigen Hotels geworden, vor anderen wurden protzige, völlig unpassende Betonterrassen errichtet.

Es gibt aber auch Bauern, die es mit viel Liebe und Geschick verstanden haben, ihre Hütten so herzurichten, daß sie zwar den neuen Erfordernissen entsprechen, doch zum größten Teil so geblieben sind, wie sie früher waren. Eigentlich wehrt sich die Natur ja selbst gegen fremde Einflüsse.

So erzählte mir ein Bauer, der auf seine Hütte ein Eternitdach gemacht hatte, daß er damit eine Menge Schwierigkeiten hatte. Das Eternitdach hält zwar länger als das gute, alte Holzschindeldach, doch es paßt sich den Gegebenheiten nicht so an. Die aus Holz gezimmerte Hütte ist nämlich beweglich. Gibt es im Winter schwere Stürme, was auf der Alm natürlich öfters vorkommt, dann gibt die Hütte dem Sturm bis zu einem gewissen Grad nach. Das Holzdach paßte sich dieser Bewegung an, beim Eternitdach brechen jedoch dadurch immer wieder Platten. Daran hatte vorher niemand gedacht.

Vielleicht kommt man durch solche Erfahrungen wieder drauf, daß es besser ist, sich den natürlichen Gegebenheiten anzupassen, als dagegenzuarbeiten. Das gilt auch ganz besonders für die Besucher dieser Almen und für Wanderer und Bergsteiger überhaupt.

Sehr oft wird das Wetter falsch eingeschätzt. Die Leute denken, ihnen könne sowieso nichts passieren, und sie ignorieren die Warnungen der Einheimischen. Viele Bergunfälle sind auf sträflichen Leichtsinn zurückzuführen, und nicht selten müssen andere Leute ihr Leben einsetzen, um solch Unbelehrbare aus Bergnot zu retten. Wenn das Wetter in den Bergen umschlägt, und das kann in sehr kurzer Zeit geschehen, fällt meist Nebel ein. Das führt dazu, daß man völlig die Orientierung verliert.

Wie gründlich das passieren kann, zeigt ein Erlebnis zweier Schifahrer, die in dem Almgebiet eine Schiwanderung machten. Sie kannten das Gebiet beide sehr gut, und zwar sowohl im Sommer als auch im Winter. Einer von ihnen war in seiner Jugend in der Gegend Hüterbub gewesen, und sie hatten auch schon öfters Touren dort gemacht. Einmal überraschte sie jedoch schlechtes Wetter. Der Nebel wurde zeitweise so dicht, daß sie nicht einmal mehr ihre Schispitzen sehen konnten. Sie suchten sich schließlich ihren Weg ins Tal nach dem Gefühl. Erst als sie zum ersten Haus kamen und dort die Hausnummer sahen, wurde ihnen klar, daß sie nicht nach Abtenau, sondern nach Strobl abgestiegen waren.

Ich habe selbst einmal einen solchen Nebeleinfall am Trattberg erlebt, allerdings im Sommer. Ich ging damals mit meiner Firmpatin auf diese Alm, um ihre Tochter zu besuchen, die dort Sennerin war. Plötzlich fiel Nebel ein. Wir kamen zwar auf die Alm, konnten aber die Hütte nicht finden. Schließlich stießen wir auf einen neuen Zaun, und da wir wußten, daß der Bauer einen neuen Zaun gemacht hatte, gingen wir ganz dicht am Zaun entlang, bis wir Wasser plätschern hörten. Erst beim Wassertrog konnten wir schemenhaft die Hütte ausmachen, obwohl wir direkt davorstanden.

Gerade sogenannte „gute“ Bergsteiger lachen oft über solche Erlebnisse und meinen, ihnen könnte das nie passieren, doch es passiert immer und immer wieder, und es geht nicht jedesmal so gut aus. Das sind leider die Folgen dessen, daß man in unserer gehetzten Zeit die Schönheiten der Berge und Almen wiederentdeckt hat.

Das Wandern ist zu einem Sport geworden. Wer nicht gewisse Routen „gemacht“ hat, kann nicht mitreden. Zudem kommt man durch die Straßen leicht in Gebiete, die doch eine gewisse Vorsicht und Erfahrung erfordern. Doch dem halbwegs vernünftigen Wanderer werden dadurch große Möglichkeiten aufgetan. Ich aber möchte diese Almen beschreiben, wie sie waren, ehe es dort Tourismus gab.

Das Gebiet erstreckt sich vom Lammertal bis zum Salzkammergut und besteht aus zahlreichen Tälern, in denen die einzelnen Almen sind. In manchen Almen sind nur zwei oder drei Hütten, einige Hütten stehen überhaupt allein. Doch es gibt auch Almen, in denen acht bis zehn und auch noch mehr Hütten stehen beziehungsweise standen. Diese Almen sehen aus wie kleine Dörfer, und so ähnlich war früher wohl auch das Leben dort.

Auf dem Trattberg, so erzählte mir eine Sennerin, die dort eine Jausenstation betreibt, gab es früher dreißig Almhütten. Viele davon waren Doppelhütten. Sie gehörten also zwei Bauern miteinander, und es waren daher auch zwei Sennerinnen in der Hütte. Insgesamt fuhren neunzig Bauern auf den Trattberg. Sogar heute gibt es im Sommer dort noch bis zu vierhundert Stück Vieh. Es ist auch noch ein Hüter dort, der für das Freivieh, also das Vieh, das nicht zu einer Hütte gehört, zuständig ist.

Inzwischen sind die meisten Hütten auf dem Trattberg, die noch nicht verfallen sind, als Wochenendhütten verpachtet. Auf einer großen, blanken Felsfläche parken an schönen Tagen viele Autos, und man kann überall Wanderer und Spaziergänger sehen, wenn viele von ihnen auch nur vom Auto bis zur Jausenstation kommen.

Ich bin über die Hänge gegangen, auf denen sich das Vieh aufhält, und habe hinuntergesehen zu den wenigen Überresten der Hütte, in der meine Großmutter vor etwa sechzig oder sogar siebzig Jahren Sennerin war. Was sie wohl sagen würde, wenn sie heute die Veränderungen sehen könnte?

Damals gab es nicht einmal einen richtigen Weg, und man war hier oben ganz auf sich allein gestellt, ganz egal, ob es sich um das Vieh oder um einen Menschen handelte. Großmutter hatte hier einige Erlebnisse, die sie nie vergessen hat.

Ihre Hütte stand etwas abseits auf einem Hang. Die Rückseite der Hütte war in den Felsen gebaut. Der Keller war ein echter Felsenkeller. In einem Sommer, in dem es viel regnete, rutschte eines Tages vor der Hütte alles ab.

Großmutter konnte nicht einmal mehr das Vieh aus der Hütte lassen, weil die Gefahr bestand, daß es abstürzt. Das Vieh war natürlich entsprechend unruhig, und es mußten auch noch Futter und Wasser in die Hütte gebracht werden.

Es dauerte mehrere Tage, bis die Leute vom Hof den Schaden halbwegs beheben konnten. Es mußte alles abgestützt und ein neuer Weg für das Vieh gemacht werden. Für Großmutter waren das schwere Tage, denn sie fürchtete schon, die ganze Hütte könnte abrutschen.

Doch auch noch ein anderes Erlebnis hatte sie dort, das ihr nicht weniger zusetzte. Die Sennerin in der Nachbarhütte erwartete ein Kind. Da dieses Kind früher als erwartet kam, kam die Sennerin nicht, wie geplant, vorher nach Hause. Man muß sich das vorstellen! Es war ja nicht gerade eine Kleinigkeit für eine Frau, wenige Tage vor der Geburt mehrere Stunden von der Alm nach Hause zu gehen. Doch die Frauen waren allerhand gewohnt, sie mußten ja auch auf der Alm weite Strecken gehen, um das Vieh zu holen.

In diesem Fall kam es jedenfalls erst gar nicht mehr dazu, daß sich die Sennerin auf den Nachhauseweg machen konnte. Es wurde ein Hüter ins Tal um Hilfe geschickt, doch bis eine Hebamme hinaufgekommen wäre, hätte es natürlich viel zu lange gedauert. Also mußte Großmutter als Hebamme einspringen. Die Sennerin weigerte sich, sich während der Wehen und auch während der Geburt hinzulegen. Großmutter wußte natürlich damals noch nichts von sanfter Geburt oder Ähnlichem. Für sie war es selbstverständlich, daß eine Gebärende zu liegen hat.

Es war wohl auch für die damalige Zeit, in der es allerhand für uns heute unbegreifliche Vorkommnisse gab, etwas Außergewöhnliches, daß eine Frau hockend ihr Kind auf dem Boden einer Almhütte zur Welt brachte. Doch das Kind und auch die Mutter waren gesund, und bis schließlich Hilfe aus dem Tal kam, hatte Großmutter ihre Dienste als Hebamme recht gut gemacht. Heute würde in einem solchen Fall sicher ein Rettungshubschrauber eingesetzt. Damals mußte man sich selbst helfen, denn bis Hilfe aus dem Tal gekommen wäre, wäre es längst zu spät gewesen.

Die Sennerinnen waren überhaupt sehr aufeinander angewiesen. Es war selbstverständlich, daß sie sich gegenseitig halfen, wenn eine von ihnen in irgendwelchen Schwierigkeiten war. Auf vielen Almen gab es keinen Hüterbuben, dann hatten sie auch niemanden, den sie ins Tal schicken konnten. Die Sennerin selbst konnte nicht weg, sie durfte das Vieh nicht allein lassen.

Wenn irgend etwas war, mußte man warten, bis jemand aus dem Tal kam, erst dann konnte man „Post schicken", also eine Nachricht übermitteln lassen. Es war selbstverständlich, daß die Leute von den Höfen, die zu einer Hütte kamen, dann die Nachricht den anderen Bauern ausrichteten.

Wer heute aus der Stadt kommt und diese Almen besucht, kann sich wohl kaum vorstellen, wie es früher einmal war. Doch ich möchte es wieder auferstehen lassen, dieses alte Almleben. Allerdings ohne Glorienschein, sondern wie es in Wirklichkeit war.

Almbauern

Wenn ich schon von den Sennerinnen und den Almen berichte, dann darf ich natürlich die Almbauern nicht vergessen. Almbauern sind jene Bauern, zu deren Anwesen auch eine Alm gehört. Da meine Großmutter immer Sennerin war, war sie ausschließlich bei Almbauern im Dienst. Eine Sennerin verbrachte normalerweise aber doch mehr als die Hälfte des Jahres auf dem Hof. Als sie schon verheiratet war, hatte Großmutter allerdings ihre Wohnung bei einem Bauern. Sie wohnte dort vierzig Jahre und war im Winter ihr eigener Herr.

Obwohl die Sennerin sonst auch im Winter für das Vieh zuständig war, unterschied sich ihr Leben auf dem Hof doch von dem der anderen Dienstboten. Beim Vieh redete ihr kaum jemand etwas drein. Zeitweise mußte sie schon auch auf dem Feld mithelfen, etwa beim „Mistanbreiten" oder auch beim „Mistaufribin". Es gab ja keine Maschinen. Der Mist mußte mit der Gabel auf den Wagen geladen und dann auf dem Feld wieder mit der Gabel abgeladen werden. Das war Männerarbeit, doch das Angleichen auf dem Feld wurde hauptsächlich von den Frauen besorgt. Wenn der Mist einige Zeit auf dem Feld war, dann mußte er „angribelt" werden. Der ausgebreitete und inzwischen ausgetrocknete Mist wurde mit dem Rechen noch besser verteilt.

Später war es dann wieder zum „Aufheign". Das, was vom Mist übrigblieb, etwa Stroh oder dürre Äste, wurde mit dem Rechen wieder fein säuberlich zusammengerecht und wieder als Streu verwendet. Aber auch an den Waldrändern mußte aufgeheut werden. Es wurde ja alles mit der Sense gemäht, und wenn im Gras Äste oder Steine herumlagen, dann war sofort die „Schneid" weg. Da diese Arbeiten im Frühjahr anfielen, half die Sennerin dabei meist mit. Sehr viel Zeit blieb ihr ja nicht, denn besonders bei größeren Bauern war sie mit ihrer Arbeit beim Vieh und bei der Milch ziemlich ausgelastet.

Früher wurden mit dem Vieh viel mehr Umstände gemacht. Es gab keine Hilfsmittel wie Mistförderer, Melkmaschine und Ähnliches. Auch mußte die Milch auf dem Hof verarbeitet werden. Selbst nach dem Zweiten Weltkrieg, als es dann schon Melkmaschinen gegeben hätte, hatten es die Bauern nicht so eilig, eine solche Maschine anzuschaffen.

Eine Frau, die etwa bis 1950 Magd gewesen war, erzählte mir, daß der Bauer eher geneigt gewesen wäre, eine Melkmaschine zu kaufen. Doch die Bäuerin wußte es zu verhindern. Sie behauptete, das Melken sei die Freude der Magd, und diese Freude dürfe man ihr nicht nehmen.

Die Magd wäre allerdings heilfroh über eine Melkmaschine gewesen, denn zehn bis zwölf Kühe zu melken, ist ein schönes Stück Arbeit. Doch die Bäuerin brauchte diese Arbeit ja nicht zu tun. Als die Magd dann wegkam und die Tochter in den Stall gehen mußte, war dieses Argument kein Hindernis mehr. Es kam gleich eine Melkmaschine ins Haus. Auch ging die Tochter mittags nicht mehr in den Stall, so wie es die Magd immer hatte tun müssen.

Überhaupt hat sich die Stallarbeit sehr verändert, wie sich auch die Ställe selbst verändert haben. Früher hatte man ein ganz anderes Verhältnis zum Vieh. Heute hat es manchmal den Anschein, als sei eine Kuh nur noch eine mehr oder minder leistungsfähige Milchproduktionsmaschine. Man vergißt, daß ein Stück Vieh auch ein individuelles Lebewesen ist, mit verschiedenen Neigungen und Eigenschaften. Es wird in der modernen Viehhaltung nur mehr darauf gesehen, daß man mit möglichst rationellen Methoden einen möglichst hohen Ertrag erzielt.

Zwar wird schon durch die Beschaffenheit der Standplätze darauf geachtet, daß das Vieh möglichst wenig schmutzig wird, aber man macht sich kaum noch die Mühe, es zu putzen und zu bürsten. Früher wurde es jeden Tag gestriegelt und gebürstet, und es wurden auch die Schwänze öfter gewaschen.

Das Vieh mußte glänzen. Sicher hat ihm diese Behandlung gutgetan, wie auch die Tatsache, daß der Mensch sich dabei mit jedem einzelnen Tier gesondert befaßte. Es hieß immer: „Reinlichkeit ist halbes Futter", und es hätte ein sehr schlechtes Licht auf die Person geworfen, die für das Vieh zuständig war, wenn dieses schmutzig gewesen wäre.

„Da habn ja die Küah direkt Knolln", hieß es dann. Man schloß daraus, daß eine solche Person auch sonst unsauber und schlampig sei. Die meisten Sennerinnen waren stolz darauf, schönes Vieh und auch einen sauberen Stall zu haben.

Wie bereits erwähnt, war Großmutter im Winter nicht bei dem Bauern, bei dem sie Sennerin war. Obwohl sie da in ihrer Wohnung war, nahm sie seltsamerweise auch im Winter ihre Kinder nicht zu sich, auch wenn es Großvater unbedingt wollte.

Einmal hat sie meine Mutter mit zu sich genommen, sie war damals ungefähr ein Jahr alt. Dem kleinen Mädchen war natürlich vorerst alles fremd, auch seine eigene Mutter, und es weinte sehr viel. Das hätte sich sicher bald gelegt, wenn sie sich erst etwas eingewöhnt gehabt hätte. Doch so lange wartete Großmutter nicht. Nach ein paar Tagen brachte sie ihr Kind wieder zu ihrer Mutter zurück. „Dö tuat net bei mir", behauptete sie. Als Großvater am Wochenende nach Hause kam, war er sehr zornig darüber.

Er arbeitete damals in Golling im Steinbruch, und er ging jede Woche die zirka zwanzig Kilometer zu Fuß nach Hause und dann wieder zurück. Im Sommer war es noch viel weiter. Er mußte schon um Mitternacht vor

Montag von der Alm weggehen, um rechtzeitig zur Arbeit zu kommen.

Meine Mutter erinnert sich noch recht gut daran, wie er sie zum erstenmal auf die Alm zu ihrer Mutter mitgenommen hat. Sie war damals etwa vier Jahre alt. Zeitweise trug er sie auf dem Rücken, dann lief sie wieder neben ihm her. Als er einmal nicht auf sie achtete, hätte er sie beinahe verloren, weil sie beim Erdbeerpflücken vom Weg weggegangen war.

Mutter erinnert sich auch noch, daß Großvater einen Zuckerhut auf die Alm mitbrachte. Das war damals – etwa 1914 – etwas sehr Wertvolles. Großmutter hatte ja die Gewohnheit, mehrmals am Tag Kaffee zu trinken. Es ist ihr auch immer gelungen, sich Kaffee zu beschaffen, obwohl das damals sicher nicht leicht war. Als sie mit Großvaters Messer ein Stück vom Zuckerhut abschlagen wollte, brach ihr dabei die Klinge ab. Das war ein schlimmes Mißgeschick, und Großvater hat sehr geschimpft, denn ein gutes Messer bekam man so leicht nicht wieder. Früher war es ja nicht so, daß man alles kaufen konnte. Außerdem war das Geld sehr knapp. Heute würde jemand wegen eines Messers nicht so viel Aufhebens machen, doch das war eine andere Zeit.

Die Tatsache, daß Großvater seine Kinder bei sich haben wollte, Großmutter sich aber weigerte, bei den Kindern zu Hause zu bleiben, ging natürlich auf die Dauer nicht gut. Großvater ging schließlich von seiner Familie weg. Er arbeitete lange Zeit in Südtirol und kam sechs Jahre lang überhaupt nicht nach Hause.

Meine Mutter hat diesen – ihren ersten – Almgang mit ihrem Vater nie vergessen. Sie hat später in den Ferien manchmal einige Zeit zu ihrer Mutter auf die Alm gehen dürfen. Das war allerdings gar nicht so einfach, denn der Bauer wollte nicht, daß das Kind – ein zusätzlicher, unnützer „Fresser“ – auf der Alm war. Doch Großmutter war eine sehr tüchtige Sennerin, und so mußte er es halt doch für ein paar Wochen dulden.

Im allgemeinen, so sagte man mir, war es für Dienstboten, zumindest für die Frauen, bei Almbauern etwas besser als bei den sogenannten „Heimbauern", also bei Bauern, die keine Alm hatten.

Bei guten Bauern Dienstbote zu sein, war ganz angenehm. Dort blieben die Leute auch zwanzig Jahre und noch länger. Arbeiten mußte man überall. Eine große Rolle spielte die Kost. Es kam also sehr viel auf die Bäuerin an. Bei guten Bauern wurde zum Kochen nur Butter verwendet. Im Sommer wurde Butter geläutert, sodaß man auch zum Backen Butterschmalz hatte. Viele Bauern allerdings verkauften die Butter und nahmen zum Kochen Schweineschmalz. Da waren die Leute weniger zufrieden.

Wie sehr es dabei auf die Frau ankam, zeigt folgendes Beispiel. Zuerst war auf dem Hof nur mit Butter gekocht worden, doch dann starb die Bäuerin, und damit änderte sich vieles. Auf dem Hof waren noch zwei Schwestern von ihr, eine als Magd, eine als Sennerin. Eine andere Magd, die zur selben Zeit auf dem Hof war und alles miterlebt hat, erzählte mir, wie sie einige Zeit nach dem Tod der Bäuerin ein Gespräch der beiden Schwestern mitgehört hatte. Sie schlief mit den beiden im selben Zimmer, und diese dachten wohl, sie würde schon schlafen.

Die Schwestern sprachen darüber, wen der Bauer wohl jetzt heiraten würde. Die eine wollte gern Bäuerin werden, doch die Sennerin meinte, sie wolle das „zwidane Mandl" nicht heiraten. Tatsächlich heiratete der Bauer dann die eine Schwester. Die neue Bäuerin verkaufte die Butter und kochte mit Schweineschmalz. Sie war auch sonst viel geiziger den Dienstboten gegenüber. Die Bauersleute waren überhaupt sehr streng mit den Leuten. Die eine Magd war damals ungefähr siebzehn Jahre alt. Da bekam sie einmal eine ganz harmlose Karte von einem Holzknecht, der in der Steiermark arbeitete. Das genügte bereits für einen großen Krach.

Die eine Schwester hat nie geheiratet. Sie blieb bis in ihr Alter Sennerin auf dem Hof. Als sie schließlich nicht mehr konnte, wurde die Almwirtschaft aufgelassen. Beide Schwestern und auch der Bauer sind schon lange gestorben.

Bei manchen Bauern war das Essen nicht nur schlecht, sondern auch zuwenig. Die Dienstboten, unter denen ja auch viele junge Leute waren, mußten oft hungrig vom Tisch aufstehen. Sie entwickelten verschiedene Tricks, um halbwegs satt zu werden. Eine Frau erzählte mir, ihr Vater habe als Knecht zuerst immer nur einen halben Knödel gegessen, denn nur so erwischte er dann auch noch einen ganzen. Wenn er zuerst einen ganzen aß, war nachher nichts mehr da.

Bei einem anderen Bauern hielt sich der immer hungrige Jungknecht an die Brotlaibe, die im „Soia", das ist das Vorhaus im ersten Stock, auf der „Brotrem", einer Art Stellage, aufgestellt waren. Er schnitt sich einfach von einem Brotlaib ein Stück ab und stellte diesen dann mit der angeschnittenen Seite zur Wand wieder hin. Es dauerte eine geraume Zeit, bis sich herausstellte, wer das gewesen war.

Bei einem anderen Bauern wurde aus einem Ei zweimal Nachtmahl gekocht, und das, obwohl sieben Leute am Tisch waren. Die Hälfte des Eies wurde für den nächsten Tag zur abendlichen Suppe aufgehoben.

Den Begriff altes Brot gab es praktisch überhaupt nicht. Gebacken wurde ohnehin nur alle paar Wochen, und wenn ein Brotlaib schon schimmlig war, dann hieß es: „Da könnts guat jodeln."

War das Essen schlecht, so wurde wohl gemurrt, doch die Leute hatten Hunger, und so wurde es doch gegessen. „Der Hunger treibt die Krapfn eini", hieß es. Dabei waren Krapfen ja ein besseres Essen, und es war dazu wirklich kein großer Hunger nötig. Wenn früher Halbwüchsige übermütig waren und viel lachten, dann sagte man: „Habts Krapfn im Sack?" Das kam wohl daher, daß jemand, der Krapfen im Sack gehabt hätte, gut hätte lachen können.

Doch nicht nur beim Essen, sondern auch bei manchen anderen Dingen ging es bei einigen Bauern sehr knapp her. Meine Mutter war bei einem Bauern im Dienst, bei dem das Bettzeug aus zwei verschiedenen Stoffen genäht war. Die Leintücher waren sowieso aus Rupfen. Bei der Tuchent war die Unterseite aus Rupfen und die Oberseite aus Leinen. Der Bauer kam von Zeit zu Zeit in die Kammer der Mägde, um zu kontrollieren, ob diese auch wirklich die rupfene, die gröbere Seite benutzten. Hatte wer die falsche Seite, dann gab es ein heftiges Donnerwetter.

Von verschiedenen Seiten wurde mir bestätigt, daß es die Dienstboten gerade bei jenen Bauern nicht gut hatten, bei denen besonders viel gebetet wurde. Deshalb wohl auch das Sprichwort: „Die beterten Leut' und die hinteren Roßhaxn muaß ma fürchtn."

Eine im Winter bei den Mägden besonders unbeliebte Arbeit war das Wäschewaschen. Es wurde nicht oft gewaschen, wie mir erzählt wurde, etwa alle sieben Wochen. Die Wäsche wurde erst einen Tag lang in Aschenlauge eingeweicht. Am nächsten Tag wurde sie auf dem Waschtisch mit Seife gebürstet. Mit der Seife mußte sehr sparsam umgegangen werden. Dann wurde die Wäsche eine Stunde lang in Aschenlauge gekocht und nachher geschwemmt. War ein Bach in der Nähe, dann wurde dort geschwemmt. Die Frauen nahmen sich ein kleines Häferl mit heißem Wasser mit, damit sie wenigstens die Hände ein bißchen anwärmen konnten. Gebügelt wurde bei vielen Bauern kaum etwas. Man glaubte, davon werde die Wäsche kaputt.

Meine Mutter hat noch 1945 einmal Wäsche für einen Bauern gewaschen. Die Wäsche war so schmutzig, daß sie nach zweimaligem Waschen noch immer nicht sauber war. Dieser Bauer hatte ihr ausdrücklich verboten, die Wäsche zu bügeln, weil sie davon kaputt würde. Meine Mutter hat allerdings damals ihre Wäsche längst schon gebügelt, und sie hat es auch mit der Wäsche des Bauern so gehalten. Als dieser seine Wäsche sah, meinte er, er würde sie bis Ostern aufheben, weil sie so schön sei. Es dauerte lange, bis sich manche Leute diesbezüglich umstellten. Die Wäsche wurde oft wochenlang getragen und war dann dementsprechend schmutzig. Natürlich war auch das bei den einzelnen Bauern verschieden.

Das galt überhaupt für die Reinlichkeit auf dem Hof. Bei ordentlichen Bauern war man mit dem Milchgeschirr zum Beispiel sehr genau. Die hölzernen Sechter und Schaffe mußten immer fleißig mit feinem Sand gerieben werden. Der Sand wurde oft sehr weit von einem Bach geholt.

Obwohl es für die Dienstboten früher keinen Achtstundentag, keine geregelte Freizeit und keinen Urlaub gab, so war die Arbeit eigentlich doch bei weitem nicht so hektisch wie in unserer Zeit. Es gab keine Maschinen, die die Leute antrieben. Arbeitete man mit einem Pferd oder einem Ochsen, dann war das Tempo gemäßigt, denn das Tier wurde genauso müde wie der Mensch, und man mußte ihm von Zeit zu Zeit eine Rast gönnen. Es gab auch keinen Maschinenlärm. Man konnte sich während der Arbeit miteinander unterhalten. Es waren ja durchwegs mehrere Leute beisammen, und so gab es bei der Arbeit oft auch viel Spaß; besonders dann, wenn der Bauer selbst nicht stur war.

Die Uhr spielte bei der Arbeit überhaupt keine Rolle. Man wußte gar nicht, wie spät es war. Man richtete sich nach der Sonne und den Essenszeiten. Wenn es bis zum Essen zu lange dauerte, dann wurde natürlich schon gemurrt.

Frühstück gab es etwa um halb acht Uhr, auch wenn die Leute schon viel früher mit der Arbeit anfingen. Das war auch im Sommer nicht anders, selbst wenn man schon um drei Uhr oder noch früher mit dem Mähen begann. Bei der Ernte kam es schon vor, daß bei der Arbeit einmal sehr angetrieben wurde, wenn ein Gewitter aufzog und man dazuschauen mußte, daß das Heu vor dem Regen unters Dach kam. Das sah natürlich jeder ein. War das Gewitter erst einmal da, dann war Zeit für eine Rast.

Im Laufe des Bauernjahres gab es gewisse Tage, sogenannte Bauernfeiertage, an denen nicht gearbeitet wurde. An Sonntagen durfte auch in der Erntezeit nicht gearbeitet werden. Es gab allerdings manchmal eine Ausnahme. War das Wetter die ganze Woche hindurch sehr schlecht gewesen und dann am Sonntag schön, dann kam es manchmal vor, daß der Pfarrer beim Hochamt ausdrücklich das Heuen erlaubte.

Es gab auch Tage, an denen gewisse Arbeiten nicht getan werden durften. Von Märtyrern wird ja erzählt, daß sie mit bestimmten Geräten gefoltert wurden. Am betreffenden Tag war es dann verboten, mit einem solchen Gerät zu arbeiten. So durfte am Katharinentag nicht gesponnen werden, weil Katharina mit einem Rad zu Tode gebracht worden sein soll. Deshalb wird sie auf Bildern auch meist mit einem Rad dargestellt. An einem anderen Tag durfte nicht mit Nadeln gearbeitet werden. An Samstagen durfte man nicht stricken. Tat es jemand trotzdem, so hieß es, sie würde „Frau abstechen".

Einer von den Bauernfeiertagen war der 24. August, der „Bachtelmä-Tag" (Bartholomäus). Es gab an diesem Tag gerne eine Erdäpfelsuppe und nachher Butterbrot. Bei besseren Bauern gab es auch noch Honig aufs Brot.

Ein anderer besonderer Tag war der „Stapaliasonntag" (Skapuliersonntag) Mitte Juli. An diesem Sonntag war es üblich, daß der Bauer mit allen Dienstboten in die Kirche und nachher ins Gasthaus ging. Dort bezahlte er ihnen ein Essen. Manche Bauern haben es allerdings so gehalten, daß zu Hause an diesem Tag etwas Besonderes gekocht wurde, etwa „Honig-Küchln". Das kam billiger, und wenn auf dem Hof ein gutes Klima war, war es vielleicht sogar gemütlicher.

In Abtenau gab es – und gibt es immer noch – zweimal im Jahr Kirtag. Den „Las-Kiarag" und den „Hiagst-Kiarag" (Frühling und Herbst). Mit dem Kirtag ist immer auch ein Viehmarkt verbunden. Früher war ein solcher Kirtag ein großer Tag. Da konnte man alles kaufen, was man sonst das ganze Jahr über nicht bekam.

Es war damals ja alles anders, man konnte nicht alles im Geschäft kaufen wie heute. Es gab keinen Supermarkt. Die Geschäfte führten hauptsächlich die täglichen Gebrauchsartikel. Gewisse Einkäufe wurden schon extra für den Kirtag aufbehalten. Heute haben die Kirtage viel von ihrer Bedeutung verloren.

Darüber hinaus gab es auch noch den Rößlmarkt, der Anfang August stattfand. Das war immer ein großes Ereignis. Früher gab es ja sehr viele Pferde. Die Bauern holten vor dem Rößlmarkt ihr Pferd mit dem Rößl von der Alm und brachten es auf den Markt. Als es dann kaum noch Pferde gab, verlor dieser Tag ebenfalls sehr an Bedeutung. In den letzten Jahren allerdings hat der Rößlmarkt wieder einen ziemlichen Aufschwung genommen, da es wieder mehr Pferde gibt. So fahren auch wieder die Händler aus den Nachbargemeinden auf den Abtenauer Rößlmarkt.

Da bei den Bauern das ganze Jahr über kaum Fleisch gegessen wurde, wurde auch schon früher Vieh nach auswärts verkauft. Die Viehhändler kauften das Vieh auf und brachten es nach Golling zur Bahn. Meine Mutter, die in ihrer Jugend ja Magd war, war öfters bei solchen Viehtrieben dabei.

Es gab damals, vor dem Krieg, noch keine Lastwagen zum Viehtransport. Das Vieh mußte also die knapp zwanzig Kilometer von Abtenau nach Golling getrieben werden. In Golling wurde das Vieh dann im Stall eines Gasthauses untergebracht. Die Magd, die das Vieh begleitete, mußte dann um Futter und Wasser schauen. Das war gar nicht so einfach, denn die Viehhändler wollten dafür nicht viel ausgeben. Wasser gab es nur sehr wenig. Es rann nur so dünn wie eine Stricknadel aus dem Brunnen. Da dauerte es lange, bis man für nur eine Kuh genug hatte. Es waren aber mehrere Leute da, die Wasser holten.

Wer Mitleid mit dem Vieh hatte, der sah halt zu, daß er noch irgendwo einen Buschen Heu erwischte, auch wenn dieser nicht bezahlt war. Für Essen und Schlafen der Viehtreiber mußten ebenfalls die Viehhändler bezahlen.

Die Viehhändler waren früher auch ein eigenes Volk. Man erzählte mir, daß sie gern untereinander Karten gespielt haben. Dabei soll es manchmal ziemlich rauh zugegangen sein. Es wurde oft um viel Geld gespielt. Meistens wurde „gebankelt“, so wurde das Hasardspiel „Siebzehn und vier“ hier genannt. Da kam es schon vor, daß eine Kuh verspielt wurde. Ein Mann erzählte mir, er könne sich noch gut erinnern, wie die Viehhändler bei dem Wirt zusammengesessen sind, wo früher immer das Vieh eingestellt wurde. Sie hatten beim Kartenspiel das Geld recht locker in der Hand oder sogar einen Tausender auf dem Hut stecken.

Das Vieh, das aus Abtenau nach Golling getrieben und dort über Nacht untergestellt wurde, wurde dann am nächsten Tag zur Bahn gebracht und dort verladen. Es waren durchwegs ältere Kühe oder Kühe, die nicht mehr aufnahmen, also nicht mehr trächtig wurden, und diese Kühe wurden als „Gulaschküah“ bezeichnet. War das Vieh verladen, so gingen der Viehhändler und der Treiber wieder zu Fuß nach Abtenau zurück. Später kam es dann auch manchmal vor, daß sie von einem Lastwagen ein Stück mitgenommen wurden.

Für eine Magd war so ein Viehtrieb zwar eine interessante Abwechslung, eine gute Möglichkeit, einmal aus dem üblichen Alltag herauszukommen. Den meisten tat dabei jedoch das Vieh leid, besonders natürlich jene Stücke, die aus dem Stall des eigenen Bauern kamen und mit denen sie vertraut waren.

Almauftrieb

Der Almauftrieb war für die Leute vom Bauernhof jedes Jahr ein großes Ereignis, von dem alle betroffen waren. Es war üblich, daß die Sennerinnen vor dem Almauftrieb noch zur Beichte und zur Kommunion gingen, denn den ganzen Sommer über kamen sie ja dann nicht zur Kirche. Diese Beichte war meistens mit einer kleinen Wallfahrt verbunden, denn die Sennerinnen gingen dazu meistens zu einer kleineren Kirche in Weitenau, nicht direkt in die Abtenauer Kirche.

Schon vor der Almfahrt gingen die Männer auf die Alm, um die notwendigen Arbeiten zu verrichten. Da mußte eventuell das Hüttendach ausgebessert und auch die Zäune mußten in Ordnung gebracht werden. Die Zäune auf den Almen waren ja verschieden. Heutzutage sind auch auf den Almen meistens elektrische Weidezäune, doch man findet immer noch Reste der alten Zäune; besonders auf dem Trattberg, wo die Zäune aus Steinen aufgeschichtet waren. Was mag das für eine langwierige Arbeit gewesen sein, all die Steine zusammenzutragen und aufzuschichten. Diese Arbeit hatte allerdings einen doppelten Nutzen. Einerseits gewann man dadurch einen steinfreien Fleck Boden, andererseits hatte man einen Zaun für das Vieh.

Auf manchen Almen gab es Drahtzäune. Diese Zäune wurden, zumindest an vielen Stellen, „abgelegt“, damit sie über den Winter nicht so stark beschädigt wurden. Der Draht wurde einfach auf den Boden gelegt. Im Frühjahr, vor der Almfahrt, mußte er wieder an den Pfosten befestigt und gespannt werden.

Aber auch sonst gab es auf dem Hof eine Menge vorzubereiten. Wie mir Bauern und Sennerinnen bestätigten, wurde das Vieh unruhig, sobald die Almzeit herbeikam. Auch die Sennerinnen freuten sich schon auf das große Ereignis. Wenn der letzte Schnee von den Almen verschwand und es langsam grün wurde, dann zogen sie hinauf. Nicht umsonst gibt es so viele Lieder um dieses Ereignis.

War der Tag der Almfahrt erst einmal festgelegt, dann begannen die Vorbereitungen. Besonders viel gab es am Vortag des Almauftriebes zu tun. Da mußte erst einmal der „Alpwagen“ – der Wagen, auf dem das ganze Inventar gefahren wurde, das auf die Alm kam – gepackt werden. Es gab eine Menge Dinge, die mitgenommen werden mußten.

Außer den Sachen für die Sennerin mußten noch Geschirr, Putz- und Bettzeug, Lebensmittel, Geschirr für die Milch und eigenes Putzzeug für das Milchgeschirr mitgenommen werden. Dabei durfte – außer Bürste und Fetzen – auch der feine Sand zum Reiben des Geschirrs nicht vergessen werden. Man brauchte auch noch Kälberfutter, wenn gar ein Schwein oder ein, zwei Hühner mitkamen, auch Futter für diese, einen Korb zum Futtertragen, Petroleum, ein Mittel gegen Viehkrankheit und viele andere Dinge.

Am Abend vor der Almfahrt bekam dann die dafür bestimmte Kuh die „Pumperglockn“ um den Hals gehängt. Die Pumperglockn ist praktisch die Pummerin unter den Kuhglocken. Es ist eine sehr große Glocke mit einem besonderen Ton. Diese Glocke wird nur auf der Almfahrt und dann wieder auf der Heimfahrt umgehängt, im Gegensatz zu den anderen Glocken, die ja das Vieh immer trägt, wenn es auf der Weide ist, und die eine wichtige Aufgabe erfüllen.

Jedes Vieh, das schon öfter auf der Alm war, weiß genau, was das bedeutet. Wenn die Pumperglockn zu hören war, so hatte das eine besondere Wirkung auf Mensch und Tier, es vermittelte schon richtige Almstimmung. Auch die Nachbarn konnten die Glocke hören und wußten, daß bei dem betreffenden Bauern am nächsten Tag Almauftrieb sein würde.

Am Tag des Almauftriebes hieß es dann sehr früh aufstehen: mindestens um zwei Uhr früh. War der Weg sehr weit, dann mußte man noch früher aufstehen. Es kam darauf an, auf welcher Alm ein Bauer seine Hütte hatte. War es ganz besonders weit, dann stand man an diesem Tag schon vor Mitternacht auf.

Zuerst wurde gemolken und die Milch abgetrieben, denn die Milchmaschine zum Entrahmen der Milch wurde bei vielen Bauern mit auf die Alm genommen. Nur wenige Bauern hatten eine zweite Milchmaschine. Auf dem Hof blieben ja nur ein oder höchstens zwei Kühe; so viele eben, daß genug Milch für den Eigenbedarf da war. In dieser Zeit wurde nicht Butter gerührt, die Butter kam im Sommer von der Alm.

War man mit der Stallarbeit fertig, dann machte man sich zum Abmarsch bereit. Vorher ging der Bauer noch mit einer Schüssel, in der gehackte Zweige mit Weihwasser vermischt waren, in den Stall, und jedes Stück Vieh bekam eine Handvoll von dieser Mischung. Das sollte Schutz gegen Krankheit, Blitzschlag, Absturz und andere Gefahren bieten. Dann wurde das Vieh Stück für Stück abgehängt. Wenn das Vieh nur auf die Weide getrieben wurde, dann wurden die Ketten am Hals gelöst. Beim Almauftrieb aber wurden sie am Futterbarren ausgehängt und dem Vieh um den Hals geschlungen. Die Ketten wurden auf der Alm gebraucht, um das Vieh dort anhängen zu können.

Dann ging es hinaus in den frühen Morgen. Zuerst kam die Kuh mit der Pumperglockn, dann die andere Glockkuh – das ist jene Kuh, die auch auf der Weide eine Glocke trägt–, schließlich alle anderen Kühe, dann die Kalbinnen und die Kälber. Das Vieh war nervös und unruhig und drängte durcheinander, und man hatte Mühe, die Ordnung herzustellen und den Zug in Bewegung zu bringen.

Man hatte einen weiten und oft auch teilweise gefährlichen Weg vor sich, und es mußte darauf geachtet werden, daß das Vieh ruhiger wurde und einen gemäßigten Gang einschlug. Die Kälber waren ohnehin meistens schon nach zwei Stunden müde und wollten sich hinlegen. Heute werden die Kälber zumeist mit dem Traktor auf die Alm gefahren, doch früher mußte auch das Jungvieh den weiten Weg gehen. Es war schwer, das Vieh zusammenzuhalten.

Man ging schon so früh weg, daß es noch ziemlich oder sogar ganz dunkel war, damit man später nicht so sehr in die Tageshitze kam. Die Pumperkuh, die den Zug anführte, war meist schon älter und schon öfter auf der Alm gewesen. Sie trug den Kopf ruhig, und man konnte den gleichmäßigen Klang der Pumperglockn weithin hören.

Ich kann mich noch gut an die Zeit erinnern, als wir in Voglau gewohnt haben. Die Straße, auf der die Almzüge immer vorbeikamen, war nur zirka fünfzig Meter von unserem Haus entfernt. Im Frühjahr wurde ich oft durch den Klang einer Pumperglockn geweckt. Obwohl es kaum hell war, hatten diese Züge zum Teil schon mehrere Stunden Gehzeit hinter sich.

Solange man auf der Straße oder auf einem guten Weg war, ging es noch ganz gut, später jedoch gab es nur noch schmale Wege oder Steige. Da mußte man schon sehr aufpassen. An manchen Wegabschnitten bestand auch die Gefahr, daß ein Stück Vieh abstürzen konnte, wenn die Tiere drängten oder gar zu raufen begannen.

Es gibt Vieh, das sich weigert, über Brücken oder Bäche zu gehen, weil es das Wasser fürchtet. Da hatte man dann schon alle Hände voll zu tun, um es am Ausbrechen zu hindern. Wenn es erst einmal heiß wurde und das Vieh schon müde war, dann mußte man erst recht aufpassen.

War man dann beim „Alp-Törl“, beim Zaun, wo die Alm begann, dann war das Schlimmste vorbei. Sowohl Mensch als auch Vieh waren erleichtert, wenn die Alm erreicht war. Bei der Hütte angekommen, gab es natürlich erst einmal eine Menge Arbeit. Dem Vieh war der Platz unbekannt, und es mußte erst jedes Stück auf seinen Platz gebracht und angehängt werden. Es dauerte eine gewisse Zeit, bis es dann von selbst seinen Platz fand.

Der Bauer, der mit dem Alpwagen fuhr, brauchte meistens bedeutend länger, weil er ja einen anderen Weg fahren mußte. Das Pferd mußte mit dem schweren Wagen immer wieder rasten, und so brauchte der Bauer schon sechs bis acht Stunden.

Die Sennerin begann, sobald das Vieh versorgt war, sofort damit, die Hütte sauberzumachen. Nicht bei jeder Hütte gab es Wasser. Bei manchen Hütten mußte das Wasser ein ganzes Stück hergetragen werden. Die Sennerinnen machten das meist mit einem Holzschaff, das sie auf dem Kopf trugen. Zuerst wurde die Hütte geputzt, dann der Milch- und der Käskeller. Geschirr, das den Winter über auf der Hütte geblieben war, mußte gewaschen und alles für die Arbeit hergerichtet werden. Hölzernes Geschirr, das im Winter nicht benutzt worden war, war „z'letzn", das heißt, es war undicht, weil sich die Holzdauben zusammenzogen. Dieses Geschirr mußte in Wasser eingeweicht werden, damit es wieder dicht wurde.

Bei der Hütte, bei der meine Großmutter am längsten Sennerin war, gab es keinen Wassertrog. Das Wasser mußte von mehreren Sennerinnen von einem Wasserloch neben dem Bach geholt werden, der an der Hütte vorbeifloß. Großmutter hat einmal gleich nach ihrer Ankunft auf der Alm ihr Milchgeschirr in diesen Bach eingeweicht. Dann kam ein Gewitter. Da hatte sie erst so viel mit dem Vieh zu tun, daß sie nicht an das Geschirr dachte. Es regnete sehr stark, und der Bach, der ein richtiger Wildbach war, schwoll an und riß das ganze Milchgeschirr mit. Es wurde über die Alm hinaus und die Felsen hinunter in die Schlucht gerissen. Großmutter mußte sich bei den anderen Sennerinnen Geschirr ausleihen, was natürlich gar nicht so einfach war, weil diese es selbst brauchten. So mußte sie halt recht und schlecht zurechtkommen, bis dann vom Hof neues Geschirr kam. Der Bauer war recht aufgebracht über den Verlust.

Die Sennerin hatte gerade in den ersten Almtagen besonders viel zu tun. Die Hütte muß in Ordnung gebracht werden, dem Vieh ist noch alles unbekannt, und es muß sich erst eingewöhnen. Außerdem blieben die Männer meistens noch einige Tage auf der Alm, weil es dort allerhand zu tun gab. Vor allem mußte Brennholz für den Sommer gerichtet werden. Es gab auch noch einiges an der Hütte auszubessern.

Außerdem mußten sie „schwendn". Beim Schwendn wurden Stauden und anderes Gestrüpp auf den Almwiesen entfernt. Das Schwendn ist eine sehr wichtige Arbeit. Nur wenn das getan wird, bleiben die schönen Almwiesen erhalten. Zum Schwendn hatte man die Schwendaxt, sie wird auch Schwendmesser genannt. Das ist ein Gerät, das aussieht wie eine kleine Machete. Es ist ein starkes Messer mit nach innen gebogener Spitze. Mit dieser Schwendaxt wird gearbeitet wie mit einer Sichel, nur daß man mit Schwung zuschlagen muß, um die Stauden umzuschlagen.

Leider wird heute auf verschiedenen Almen nicht mehr geschwendet. Dadurch können Stauden und Gestrüpp ungehindert wachsen, und die schönen, grünen Almwiesen gehen dadurch mehr und mehr verloren. Das ist wieder ein Beispiel, daß es nicht genügt, die Natur ungehindert wachsen zu lassen und so zu erhalten, wie sie ist. Der Mensch muß einfach dort und da auch ein bißchen eingreifen und die Natur pflegen.

Vielleicht mag jemand sagen, es sei besser, die Almwiesen würden verwachsen, als sie würden verbaut. Das mag sicher berechtigt sein, denn mit den vielen Bauten und besonders mit den Liften wurde sehr viel Schaden angerichtet. Doch die Almen darf man auch nicht sich selbst überlassen. Schließlich sind es doch die schönen grünen Flächen, die den besonderen Charakter, die besondere Schönheit einer Alm ausmachen. Es gibt kaum etwas Erholsameres, als über eine grüne Almwiese zu gehen und dabei die gute Luft und die ganze Atmosphäre aufzunehmen, die einer richtigen Alm eigen ist.

Doch wenn die Männer früher mit ihren Schwendeisen über die Almwiesen gingen, dann taten sie es nicht für den Erholungsuchenden, sondern um dem Vieh das Weideland zu erhalten. Ich konnte mit Genugtuung feststellen, daß viele Bauern das heute immer noch – oder vielleicht auch wieder – tun.

Aber noch eine wichtige Arbeit gab es früher für die Männer nach dem Almauftrieb zu erledigen. Wenn sie das Holz zum Heizen, aber auch für die Zäune herrichteten, dann mußten sie nebenbei auch Baumrinde zum Käsemachen herrichten. Die Rinden wurden Stück für Stück rund um den Baumstamm abgeschält und so zugeschnitten, daß man sie zusammenstecken konnte. So hatte man dann einen runden Reif. Diese Rinden wurden dann gekocht und zum Käsemachen verwendet. Sie ergaben die Form für den Käse-Laib. Doch darüber werde ich noch berichten.

Waren alle diese Arbeiten getan, dann gingen die Männer auf den Hof zurück. Nur die Sennerin blieb auf der Alm. Hüter gab es nur auf bestimmten Almen, nicht überall. Erst jetzt begann für die Sennerin das richtige Almleben.

Die Almhütten – mei Häusei

So heißt es in einem alten Sennerinnenlied. Um zu verstehen, wieviel eigentlich in diesen Worten steckt, muß man einiges beachten. Bis in die Zeit nach dem Zweiten Weltkrieg gab es in der Gegend um Abtenau keine andere Arbeit für Frauen als Bauernmagd oder Sennerin.

Nur einige wenige Frauen waren im Markt beschäftigt, etwa als Doktormagd oder Pfarrersköchin. Alle anderen Frauen waren auf den Bauernhöfen. Selbst im Krankenhaus oder im Armenhaus wurden kaum Frauen beschäftigt, weil diese Häuser von geistlichen Schwestern geführt wurden.

Eine Bauernmagd aber hatte für sich selbst keinen Platz, kein Fleckchen, das ihr allein gehörte. Ihre Kammer mußte sie mit anderen Mägden oder den Töchtern des Hauses teilen. In vielen Fällen hatte sie nicht einmal ein Bett für sich allein. All ihre Besitztümer lagen in einer Truhe oder – wenn sie schon länger Magd war und fleißig gespart hatte – in einem Kasten. Sie hatte kein Eigenleben. Alles spielte sich in der Gemeinschaft mit den anderen Dienstboten und Hofbewohnern ab. Es gab keine Möglichkeit, sich jemals auf einen Platz für sich allein zurückzuziehen.

Da hatte eine Sennerin schon einen großen Vorteil. Wenn die „Hoamleit“, die Leute vom Hof, erst einmal weg waren, dann war die Almhütte wirklich „ihr Häusei“. Sie konnte dort schalten und walten, wie sie wollte. Niemand redete ihr etwas drein. Wenn sie die Hüttentür zumachte, war sie für sich allein.

Sie konnte sich kochen, was sie wollte, und essen, was ihr schmeckte. Natürlich war der Speiseplan etwas beschränkt, doch das war auch auf dem Hof so. Dort gab es auch kaum Abwechslung. Bei vielen Bauern gab es Woche für Woche das gleiche Essen, und bei manchen bekamen die Leute nicht einmal genug zu essen. So war es bei weitem nicht selbstverständlich, daß es genug Butter aufs Brot gab, doch eine Sennerin mußte mit der Butter nicht sparen. Es gab also auch diesbezüglich einige Punkte, die das Sennerin-Sein begehrenswert machten.

Wie aber sah nun so eine Almhütte, so ein „Häusei" der Sennerin, aus? Die Hütten glichen einander im Grunde alle. Als ich vor Jahren einmal eine Alm im kärntnerischen Nockgebiet besuchte, war ich überrascht, daß dort die Almhütte und der Stall getrennt sind. Diese Alm schaut fast wie eine kleine Westernsiedlung aus.

In der Abtenauer Gegend sind Hütte und Stall unter einem Dach. Aus diesem Grund sind die Hütten auch recht groß. Die Hütte, in der meine Großmutter und meine Tante so lange Sennerinnen waren, ist sogar achtzehn Meter breit. Eine Länge der Hütte nimmt der „Tret", der Stall, ein, und zwar immer die der Talseite zugewandte Seite.

Das hat seinen besonderen Grund. An der Außenseite vom Tret sind nämlich die „Schogalöcha". Das sind Löcher, durch die der „Schoga", der Mist, aus dem Tret hinausgeworfen wird. Der Tret hat an der Vorderseite und an der Hinterseite eine Tür. Durch die Vordertür wurde das Vieh aus- und eingetrieben. Die Hintertür führt in den „Anga", jenes eingezäunte Stück Wiese, das gemäht werden kann und von wo die Sennerin das Viehfutter holt.

Viel Futter braucht sie ja nicht, da das Vieh ohnehin die meiste Zeit auf der Weide ist. Doch zur Melkzeit muß sie doch etwas „einifuatan", damit das Vieh ruhiger ist. Vom Tret führt auch eine Tür in die Hütte. Über dem Tret und der Hütte ist die „Rauschn", der Heuboden. Dort hat auch der Hüterbub, wenn es auf der Alm einen solchen gibt, sein Bett. Das ist allerdings nur auf bestimmten Almen der Fall.

Die eigentliche Hütte, der Raum, in dem die Sennerin arbeitet und lebt, ist der vordere Teil der Almhütte. Manche Hütten haben sogar ein eigenes Stüberl, wo die Sennerin schlafen kann, doch in den meisten Hütten ist das „Sendinbett" hinter der Tür. Im hinteren Teil der Hütte befinden sich Milch- und „Kaskeller". Das sind zwei getrennte Räume, die von der Hütte aus durch zwei gesonderte Türen zu erreichen sind.

Wenn man auf eine Alm kommt, stellt man fest, daß die Hütten etwa alle in dieselbe Richtung schauen. Das hat sicher seinen Grund, und man hat sich da beim Bau sehr wohl etwas gedacht. Vor der Hütte hat man schon ganz früh Sonne, und die hintere Seite, wo die Keller sind, bleibt bis zum späten Nachmittag im Schatten. So ist es dort immer gut kühl.

Die Keller haben kein richtiges Fenster, nur ein Loch, das man durch einen Holzklotz verschließen kann. Es gibt allerdings auch Hütten, die direkt in den Hang oder sogar in den Felsen hineingebaut sind. Auf den größeren Almen, auf denen mehrere Hütten sind, stehen diese meistens frei.

Die Almhütten wurden natürlich aus rohen Balken gezimmert, was allerdings nicht heißt, daß alle gleich gut gebaut sind.

Bei manchen Hütten waren die Balken so weit auseinander, daß man dazwischen teilweise Stangen hineingenagelt hat, damit die Kluft nicht zu groß ist. Andere Hütten wieder sind sehr schön gebaut, die Balken zugehackt und gut aufeinandergelegt.

Die Einrichtung ist sehr einfach; im Eck an der Wand eine Bank und ein Tisch davor, darüber ein Kreuz oder Heiligenbild, an der Wand ein Wandschoner. Wandschoner sind ziemlich große, gestickte Tücher mit Blumen und einem Spruch darauf. Hier zwei Beispiele von solchen alten Wandschoner-Sprüchen:

Sucht man euch in allen Welten,
Von der Wiege bis zum Grab,
Niemals kann ein Kind entgelten,
Was ein Mutterherz ihm gab.

Oder:

Frage nicht, was Menschen sagen,
Tue ruhig deine Pflicht,
Gott wird nie die Menschen fragen,
Wenn er dir das Urteil spricht.

Über diesem Wandschoner hing ein Faßkorb, eine Art Regal. Im Faßkorb waren einige schöne Teller und unten, an Nägeln aufgehängt, einige Häferln. Die Häferln waren schön bemalt und ebenfalls teilweise mit Sprücherln versehen. Ein solcher Häferlspruch konnte etwa so lauten:

Drei Fischerl im Wasser,
Drei Vögerl im Wald,
In a kreuzsaubers Dirndl,
Verliabt ma si bald.

Auf den Häferln waren Bilder von Jägern, Wilderern oder Liebespärchen. Großmutter hatte aber auch Häferln, auf denen der Kaiser oder der Erzherzog abgebildet waren. Sie hatte ihr eigenes Geschirr für den Faßkorb. Dieses Geschirr war nicht für den täglichen Gebrauch bestimmt, da mußte schon ein besonderer Gast kommen, daß er die Milch in einem solchen Häferl bekam.

Beherrscht wurde die Almhütte von dem großen, offenen Herd mit der breiten Herdbank. Über dem Herd hingen am „Kesselhelm" die zwei großen Kessel. Der Kesselhelm war ein galgenartiges Holzgestell, das man drehen konnte. An beiden Seiten des Herdes war ein solches Gestell. Auf dem einen hing der „Wökessel" (der Wasserkessel) und auf dem anderen der „Kaskessel". Beide konnten mit dem Kesselhelm je nach Bedarf über das Feuer und wieder zur Seite gedreht werden. Diese

Kessel waren gefüllt natürlich sehr schwer. Sie waren aus Kupfer und mußten immer sauber mit feinem Sand geputzt werden.

An der Wand auf einer Bank standen die Milchmaschine und die „Rührmaschine“ zum Butterrühren. Außerdem gab es noch ein paar Bretter an der Wand, eine Truhe, dann war die Einrichtung einer Almhütte auch schon ziemlich zusammen. Das war also das Häusei der Sennerin, ihr Reich, in dem sie vier bis fünf Monate lebte.

Der Hof ist leer!

Der Almauftrieb fand meistens knapp vor Pfingsten statt. So war zu Pfingsten das Vieh schon weg, und es gab weniger Arbeit auf dem Hof. Bald kam ja die Erntearbeit.

In der sogenannten „langen Pfingstwoche" ging es auf dem Hof lebhaft zu. Der Stall war leer und konnte gründlich gereinigt werden. Da die Männer zum Teil noch auf der Alm waren, war es auch im Haus ruhiger. Diese Tage wurden dazu benutzt, das ganze Haus zu putzen.

Früher gab es keine Teppichböden und Staubsauger. Die Böden waren alle aus Holz und mußten mit „Sendn-Bürsten" (aus erikaähnlichem Strauchwerk gefertigte Bürsten) gerieben werden. Man nahm zum Putzen Aschenlauge und, ganz sparsam, etwas Seife. Natürlich mußte man sich bei dieser Arbeit auf den Boden knien. Zum Draufknien nahm man einen „Bobnschuba". Dieses Gerät sah tatsächlich aus wie eine Schublade, nur war es auf einer Seite offen, damit man sich hineinknien konnte. Die Bretter an den drei anderen Seiten schützten davor, beim Putzen und Bürsten naß zu werden.

Vor Pfingsten wurde auch „obaputzt" (heruntergeputzt). Das heißt, es wurden auch die Kammern im ersten Stock geputzt, was ja nur alle heiligen Zeiten, also Weihnachten und Ostern, vorkam. Sonst wurde höchstens einmal „obakehrt". In der langen Pfingstwoche wurde auch meistens geweißt, ausgemalt. Es gab also in diesen Tagen für die Frauen viel zu tun.

Man freute sich schließlich auch wieder darauf, daß die Männer von der Alm zurückkamen. Es war doch recht leer und ungewohnt, wenn gleich mehrere Leute zugleich fehlten.

Mit dieser Zeit begannen nun auch die regelmäßigen Almgänge. Während der Almzeit mußte ja ungefähr jede zweite Woche jemand auf die Alm gehen, um Lebensmittel und Kälberfutter hinaufzubringen. Auf dem Rückweg nahm der Almgeher Butter und eventuell auch Käse und Topfen mit nach Hause. Diese Gänge wurden meistens bei weniger schönem Wetter gemacht, denn bei Schönwetter hatte man keine Zeit dafür.

Es wurde mir Verschiedenes über diese Almgänge erzählt, wenigstens einige Erlebnisse möchte ich wiedergeben. Man muß sich vorstellen, daß der Almgänger mit seinem Rucksack, der immerhin fünfzehn Kilogramm und auch mehr wog, mindestens drei Stunden, in vielen Fällen aber fünf bis sechs Stunden, zu gehen hatte. Wenn man nicht erst am Nachmittag wegging, mußte man auch am selben Tag noch zurückgehen.

Es konnte sein, daß man auf dem ganzen Weg keine Menschenseele traf. Manchmal traf man aber einen anderen Almgeher oder einen Holzknecht, dann ging man ein Stück des Weges gemeinsam. Man kannte ja früher sehr viele Leute aus der Umgebung. Mägde oder Knechte waren bei verschiedenen Bauern in den umliegenden Ortschaften. Dadurch, daß man früher alle Wege zu Fuß ging, lernte man die Leute kennen. Am Sonntag hatte man den gleichen Weg zur Kirche und wieder zurück. Da wurde natürlich viel geredet und auch viel gelacht. Es ging ja nicht jeder allein, sondern die Leute schlossen sich in Gruppen zusammen.

Heute fährt jeder mit dem Auto. Dadurch ist viel von der Gemeinsamkeit auch unter der Landbevölkerung verlorengegangen. Man kennt sich zwar noch vom Sehen, doch man kommt viel seltener dazu, miteinander zu sprechen. Früher gab es durch die stundenlangen gemeinsamen Wege auch viele ausführliche Gespräche. Hatte man den gleichen Weg, dann sprach man sich ab oder wartete aufeinander.

Wer den weiten Weg auf die Alm zu gehen hatte, war natürlich froh, wenn er jemanden traf, der ein Stück mit ihm gemeinsam ging. Diese Almwege oder, besser gesagt, Steige waren ja die kürzeste Möglichkeit, auf die Alm zu kommen. Sie führten daher über Berg und Tal, über Sättel und durch Gräben. Um besonders einsame Stellen rankten sich eine Reihe von unheimlichen Geschichten über Geister, Hexen oder gar den Teufel.

Die Menschen waren meist sehr abergläubisch und daher sehr ängstlich. Man traute sich auch nicht, den Geschichten auf den Grund zu gehen. Das war aber gar nicht erwünscht. Wagte jemand zu zweifeln, so wurde er von den anderen sofort zurechtgewiesen. Besonders bei religiösen Bauern hieß es dann: „Deats nit fraveln (freveln), sunst deats enk versündn!"

Es gab schon manche, besonders unter den jüngeren Männern, die an solche Geschichten nicht glaubten oder ihnen auf den Grund zu gehen versuchten, doch diese waren den anderen Leuten immer etwas unheimlich. Es hieß dann: „Dös is a ganz a Luthrischa." Dieser Ausdruck kommt bestimmt von Luther, obwohl dies die Leute kaum wußten. Man meinte damit einfach, das sei einer, der nicht recht glaubt oder sich einfach den herrschenden Normen nicht ganz anpaßt.

Man ging lieber nach dem Motto: „Was i net woaß, macht mi net hoaß" oder sogar „Wissen macht Kopfweh". „Neugierige leben nicht lang", hieß es immer. Das war auch so ein Spruch, der gerne gebraucht wurde.

Stellen, die im Verruf standen, wo es hieß, daß es dort geistert, mied man lieber. War das nicht möglich, dann ging man ganz schnell daran vorbei. Meine Mutter erzählte mir, sie hätte sich immer ganz besonders bei der „Toifenbach-Mühle" gefürchtet. Dort sollte es angeblich auch geistern, und zwar aus folgendem Grund:

Ein Bauer, der dort vorbeiging, war schon sehr müde, weil er schon einen weiten Weg hinter sich hatte. Er wünschte sich, ein Pferd zu haben, und sagte: „Wenn doch jetzt ein Pferd käme, auch wenn es der Teufel selber wäre!“ Tatsächlich stand gleich ein Pferd vor ihm. Der Bauer setzte sich aufs Pferd, und dieses fuhr mit ihm direkt in die Hölle, denn es war der Teufel. Der Mann blieb für immer verschwunden, und an der Stelle, an der das passierte, geistert es seither.

Die Frage dabei ist allerdings, woher man die Geschichte so genau weiß und wer sie als erster erzählt hat, der Bauer war ja angeblich ganz allein. Solche Geschichten, in denen der Teufel als Pferd aufgetreten sein soll, gibt es mehrere. Deshalb war den Leuten ein besonders schönes Pferd unheimlich. Man befürchtete, es könnte „den Teufel im Leib haben“. Früher sagte man, ein richtiges Pferd erkenne man daran, daß es Warzen an den Beinen habe. Habe ein Pferd keine Warzen, dann könnte es der Teufel sein.

Wenn man solche Geschichten genauer betrachtet, drängt sich beinahe die Vermutung auf, daß sie manchmal als Deckmantel benutzt wurden, wenn ein Mensch unter unerklärlichen Umständen, aber wahrscheinlich aus recht realen Gründen, verschwand. Früher galt ein Menschenleben nicht viel, und wenn jemand umgebracht wurde, wurde in gewissen Fällen nicht sehr viel Aufhebens darum gemacht.

Eine andere Geschichte, in der ebenfalls ein Mensch sein Leben lassen mußte, scheint mir das zu bestätigen. Am Heiligen Abend ging normalerweise niemand mehr bei Dunkelheit aus dem Haus, wenn es nicht unbedingt nötig war. Es durfte nicht Karten gespielt werden, und natürlich waren auch lose Reden tabu. Bei einem Bauern jedoch kam es an diesem Abend zu einer ungewöhnlichen Wette:

Im Herbst war das Rührkübel (in unserem Dialekt wird tatsächlich der sächliche Artikel verwendet) auf der Alm vergessen worden. Der Bauer versprach einem Knecht die beste Kuh, wenn er in der Heiligen Nacht das Rührkübel von der Alm bringt. Eine gute Kuh wäre für einen Knecht ein großes Vermögen gewesen, so ging dieser auf die „Wette“ ein.

Er beschloß, zum Schutz den Hund auf den Weg mitzunehmen. Es war ein sogenannter „vieräugiger“ Dackel. Man nannte einen solchen Hund vieräugig, weil er über den Augen je einen braunen Fleck hatte. Als der Knecht mit dem Hund ein Stück gegangen war, hörte er hinter sich eine Stimme, die sagte: „I trau mi net drei, i trau mi net drei, er hat den vieraugerten Beiß-Beiß dabei!“ Der Knecht bekam Angst, und es wurde ihm klar, daß er ohne den Hund verloren war.

Als er auf die Alm kam, band er den Hund fest an der Hütte an, damit er ja nicht weglaufen konnte, während er selbst das Rührkübel aus der Hütte holte. Als er wieder aus der Hütte kam, hingen da zwei Dackel, die ganz gleich aussahen. Wie sollte er jetzt wissen, welcher der richtige war. Er beschloß, den zu nehmen, der ihm anhänglicher erschien, denn das mußte seiner sein. Er hoffte schon, damit den Teufel überlistet zu haben.

Als er ein Stück gegangen war, hörte er wieder die Stimme hinter sich; diesmal sagte sie: „I trau mi scho dron, i trau mi scho dron, er hat den vieraugerten Beiß-Beiß verton.“ Plötzlich packte der Hund, der in Wirklichkeit der Teufel war, den Knecht und fuhr mit ihm zur Hölle.

Man fand später von ihm nur den Rührstab und einen verbrannten Fleck auf der Erde, auf dem von nun an nichts mehr wuchs. Von dem Knecht gab es nie mehr eine Spur. Der Teufel hat ihn geholt, weil er frevelhaft gehandelt hat.

Auch hier erhebt sich die Frage, woher man denn den genauen Hergang der Geschichte weiß? Wer hat sie zuerst erzählt? Vielleicht hatte der Bauer Gründe für die Annahme, daß er seine Kuh nicht verlieren würde. Warum mußte der Knecht das Rührkübel ausgerechnet am Heiligen Abend holen, wo sonst normalerweise niemand auf dem Weg war? Die Geschichte mit dem Teufel ließ Gedanken an ein eventuelles Verbrechen erst gar nicht aufkommen.

Doch nicht alle Geschichten über Teufel, Geister oder andere Erscheinungen gingen so makaber aus. Es gab auch mehr oder weniger harmlose Dinge. So etwa folgende Geschichte, die mir eine Frau erzählte, die als junge Magd dabei war. Bei einem Bauern waren ein paar recht verwegene Söhne. Man erzählte sich, daß es am 24. Dezember in der „Krautsöhn" eine Erscheinung geben sollte. Unter anderem hieß es, man könnte dort seinen zukünftigen Partner sehen. Die Burschen wollten wissen, was dort erschien, und beschlossen, diesmal nachzusehen.

Die Krautsöhn war eine tiefe Grube, eine Art Silo, in der das Sauerkraut eingelegt wurde. Früher wurde bei den Bauern sehr viel Sauerkraut gebraucht, da es jeden Tag sowohl zu Mittag als auch am Abend als Vorspeise gegessen wurde. Die Bauern hatten einen großen Krautgarten. Im Herbst wurde das Kraut auf dem Krauthobel geschnitten und in die Krautsöhn gegeben. Diese große Grube war rundum mit Holzpfosten verkleidet. Man konnte nur mit einer Leiter hinuntersteigen.

Beim „Krauteinschneiden" mußte jemand hinuntersteigen zum „Krauttreten". Dazu trug man normale, genagelte Arbeitsschuhe, die natürlich vorher gründlich gewaschen wurden. Auch ich mußte als Kind noch als Krauttreter fungieren. Wir hatten allerdings nur ein großes Faß, keine Krautsöhn. Der Krauttreter mußte ganz fest treten, damit jeder Fleck ganz fest war. Jemand, der bei der Arbeit nicht vorwärtskam und immer auf demselben Fleck blieb, wurde manchmal auch als Krauttreter bezeichnet, wohl deshalb, weil dieser auch immer auf der Stelle tritt.

Wenn das Kraut geschnitten, gewürzt und gut festgetreten war, wurde es mit Krautblättern abgedeckt, dann mit schweren Steinen beschwert und schließlich die Krautsöhn mit Brettern abgedeckt. So mußte das Kraut eine Zeitlang gären. Von Zeit zu Zeit mußte man dann „Krautaufhebm". Die Krautsöhn wurde abgedeckt und ein großes Holzschaff voll Sauerkraut herausgeholt.

Als die Burschen nun zu Weihnachten in die Krautsöhn schauen wollten, mußten sie natürlich schon am Tag ihre

Vorbereitungen treffen. Sie schaufelten den Schnee von der Krautsöhn und hackten die festgefrorenen Bretter los; auch eine Leiter richteten sie her. Um Mitternacht gingen die Burschen an ihr Unternehmen. Mit einer Laterne ausgerüstet, stieg einer in die Krautsöhn hinunter. Er sah jedoch weder seine Zukünftige noch sonst etwas.

Bei den meisten Bauern wäre das gar nicht möglich gewesen, da sie in der sogenannten Heiligen Nacht streng darauf achteten, daß kein Unfug getrieben wurde.

Der beste Boden, auf dem solche Geschichten wuchsen, war sicher die Dunkelheit. Damals gab es ja kein elektrisches Licht. Mit der Laterne konnte man nur eine kleine Stelle beleuchten. Alles andere dahinter lag in der Dunkelheit, und man wußte nicht, was sich in dieser Dunkelheit verbarg. Von kirchlicher Seite wurden solche Dinge wenn schon nicht direkt gefördert, so zumindest geduldet.

Aber zurück zum Sommer und zu den Almgängen. Mag sich mancher Almgänger auch wegen verschiedener Geistergeschichten gefürchtet haben, die realen Gefahren lagen doch anderswo. Das konnten ein heftiges Gewitter, plötzlich einfallender Nebel oder durch starken Regen binnen kurzer Zeit zu Wildbächen angewachsene Wasserläufe sein.

Auf dem Weg durch den Marchgraben ins „Kleine Wiesler“ geht der Weg mehrmals über den Bach. Das Bachbett besteht aus ganz glatten Felsen. Bei gutem Wetter führt der Bach nur wenig Wasser, und man kann ihn leicht überqueren. Doch bei Regen schwillt das Wasser binnen kurzer Zeit an. Auf diesem Weg hat es einmal einen Bauern samt Pferd und Wagen in die Schlucht hinuntergerissen, als er durch den Bach fahren wollte. Selbst wenn man den Weg bei schönem Wetter geht und die ausgewaschenen Felsen sieht, kann man sich das gut vorstellen. Der „Kleine Wiesler“ ist übrigens eine von den wenigen Almen, auf die noch keine Straße führt.

Keine der Hütten ist mehr bewirtschaftet, nur Jungvieh ist auf der Alm.

Meine Mutter war in ihrer Jugend Magd. Sie war viele Jahre bei Almbauern und ist sehr oft auf die Alm gegangen. Einmal, als sie mit einem schweren Rucksack unterwegs war, kam sie in ein heftiges Gewitter. Sie stand schließlich bei einer Holzknechthütte unter. Dort traf sie einen Burschen, der ebenfalls auf die Alm gehen sollte. Als das ärgste Gewitter vorbei war, gingen sie zusammen weiter. Es regnete noch immer, Nebel fiel ein, und es wurde auch noch stockdunkel. „Bafenfinster" sagte man früher (finster wie im Backofen).

Die beiden jungen Leute verloren den Steig und verirrten sich. Plötzlich war der Bursche von der Seite meiner Mutter verschwunden. Er war über ein „Gwandarat", eine felsige Stelle, abgestürzt. Zum Glück hatte er sich nicht schwer verletzt, und er konnte mit Hilfe meiner Mutter wieder hinaufklettern. Erst nach Stunden fanden sie sich wieder zurecht. Der Bursch hörte ein Wasser, das er kannte. Die Leute hatten früher ein ganz besonderes Ohr für gewisse Dinge und überhaupt ein Gespür für die Natur. Das konnte in manchen Fällen lebenswichtig sein.

Ein andermal mußte meine Mutter ein Pferd auf die Alm bringen. Das Pferd wurde zeitweise zu Hause zur Erntearbeit gebraucht. Zwischendurch kam es aber wieder auf die Alm, damit man es zu Hause nicht füttern mußte. Sie kam mit dem Pferd ebenfalls in ein böses Gewitter. Auf dem Weg traf sie einen Mann, der wie ein Einsiedler lebte. Er meinte, sie solle besser zurückgehen, denn sie würde mit dem Pferd ohnehin nicht durchkommen, weil der Bach so hochging.

Die meisten Bäche auf den Steigen mußte man ja ohne Brücke überqueren. Sie beschloß, es trotzdem zu versuchen. Sie hatte ja schon ein paar Stunden des Weges hinter sich und wollte nicht unverrichteter Dinge wieder zurückgehen. Der Bauer traf am nächsten Tag den Einsiedler in der Nähe des Marktes und fragte ihn, ob er meine Mutter nicht gesehen hätte. Dieser erzählte, er hätte sie zurückgeschickt. Da machte sich der Bauer doch Sorgen.

Sie war nur sehr langsam weitergekommen und hatte die Alm erst spät in der Nacht erreicht. Dort schlief sie sich erst einmal aus und trocknete ihre durchnäßten Sachen. Sie kam erst am folgenden Abend auf den Hof zurück. Sofort mußte sie an die Arbeit gehen, denn niemand hatte die Stallarbeit getan. Was machte es schon aus, daß sie sechs Stunden im Regen unterwegs gewesen war, darum kümmerte sich niemand.

Manchmal fuhr man auch mit Pferd und Wagen auf die Alm. Ich hatte als Kind noch die Möglichkeit, einmal eine solche Fahrt mitzumachen. Die Fahrt machte damals der Altbauer. Wir fuhren schon am frühen Morgen los, denn der Weg war weit. Meistens mußten wir zu Fuß neben dem Wagen hergehen, nur wenn es eben war, durften wir aufsitzen. Dieser Bauer hatte damals schon einen „Gummiwagen", einen Wagen mit Gummirädern, damit fuhr man schon recht ruhig und bequem. Früher gab es ja nur die hölzernen, mit Eisen beschlagenen Räder.

Wir brauchten mehr als fünf Stunden auf die Alm. Dort blieben wir nicht lange, da wir ja am gleichen Tag wieder zurückfahren mußten. Auf dem Rückweg durften wir auf dem Wagen sitzen, da es meistens abwärts ging. Eigentlich war eine solche Fahrt sehr schön. Man ging neben dem Wagen her, ohne daß man etwas zu tragen hatte, oder man saß sogar auf dem Wagen. Das Pferd ging von allein, damit hatte man kaum etwas zu tun.

Man hatte Zeit, die Gegend zu beobachten oder seinen Gedanken nachzuhängen. Mitunter konnte man sogar ein Schläfchen halten. Kein Wunder, daß die Leute früher eine ganz andere Mentalität hatten als heute, in unserer gehetzten Zeit. Es war alles ruhiger, gemächlicher. Die Zeit spielte nur eine nebensächliche Rolle. Das Sprichwort „Zeit ist Geld" berührte einen solchen Almgänger oder Almfahrer nicht. Das Pferd hatte ohnehin sein Tempo, dem man sich anzupassen hatte. Auch beim Gehen gönnte man sich von Zeit zu Zeit eine Rast. Der schwere Rucksack wurde abgestellt, und es wurde ein wenig gerastet.

Ein alter Bauer erzählte mir, er sei mit sechs Jahren zum erstenmal zusammen mit seinem Vater auf die Alm gegangen. Damals war meine Großmutter Sennerin auf dieser Alm. Der Bub bekam einen Rucksack umgehängt. Im Rucksack war ein Brotlaib. Zuerst hatte er „großgetan" und gesagt, der Rucksack sei ganz leicht, so erzählte er. Doch bald bekam er den Brotlaib recht schwer zu spüren. Für den Weg braucht man sechs Stunden, und der Bauer meinte, man könne sich gar nicht vorstellen, wie schwer ein solcher Brotlaib werden kann. Da tat von Zeit zu Zeit eine Rast schon gut, wenn man die schwere Last etwas ablegen konnte. Auf eine halbe Stunde kam es da wirklich nicht an.

Eine Frau erzählte mir ein Erlebnis, das sie auf einer solchen Rast hatte. Es war ihr dabei zuerst recht unheimlich, doch es stellte sich als harmlos heraus. Sie saß ein Stück vom Weg entfernt, und sie hatte ihren Rucksack abgestellt. Da hörte sie jemand kommen. Es hatte zu regnen begonnen, und dieser Jemand trug einen weiten Mantel. Die Frau stellte erschrocken fest, daß unter diesem Mantel sechs Füße waren. Sie wollte schon weglaufen, da löste sich das Rätsel.

Der Mann war ein Geistlicher, der zusammen mit zwei Mädchen auf die Alm ging. Die Mädchen hatten keinen Regenschutz und so nahm er sie kurzerhand unter seinen weiten Mantel. Die drei luden die Magd ein, sich ihnen anzuschließen. Sie ging auch ein Stück mit ihnen gemeinsam, doch auf die Dauer konnte sie mit ihrem schweren Rucksack das Tempo nicht mithalten. Leer kann man freilich viel schneller gehen als mit einer Last von fünfzehn bis zwanzig Kilogramm auf dem Rücken.

Nicht nur Menschen wurden auf diesen Almgängen müde. Es kam schon auch vor, daß ein Pferd nicht mehr gehen konnte. So brauchte man dann noch viel länger als üblich. Meine Mutter mußte einmal mit einem Pferd auf die Alm fahren. Die Alm wurde damals von den Altbauersleuten bewirtschaftet, und sie sollte einen Strohsack auf die Alm bringen. Sie war damals hochschwanger, und es war ohnehin schon nicht leicht, einen so weiten Weg zurückzulegen.

Das Pferd hatte vorher schon den ganzen Tag auf dem Feld gearbeitet, weil gerade Erntezeit war. Sie kamen erst am späten Nachmittag weg. Schon bald wollte das Pferd nicht mehr richtig gehen. Es blieb immer öfter und immer länger stehen. Sie kamen nur sehr langsam vorwärts, und so erreichten sie die Alm erst gegen Mitternacht. Sie waren mehr als acht Stunden unterwegs gewesen, obwohl sie gar nicht viel aufgeladen hatten.

Als meine Mutter am nächsten Morgen zurückfahren wollte, war das Pferd einfach nicht dazu zu bewegen, aufzustehen. Alles Zureden nützte nichts. Es blieb einfach liegen. Erst am Nachmittag hatte es sich soweit erholt, daß man es wieder einspannen konnte. Das ganze hatte auch eine gute Seite. Meine Mutter kam dadurch zu ein paar Stunden unerwarteter Freizeit, was ihr in ihrem Zustand natürlich sehr wohltat.

Doch die Heimfahrt war auch alles eher als angenehm. So ein eisenbeschlagener Wagen holpert ganz schön dahin, was für eine schwangere Frau sicher nicht sehr angenehm ist. Dazu verlor sie auch noch einen „Knöbel". Das Pferd wird ja in die „Anz" vom Wagen eingespannt. Das sind zwei Stangen, die mit dem Knöbel am Kummet festgemacht werden. Der Knöbel ist ein Stück Holz, das oben auseinandergeht.

Sie versuchte sich nun mit einem gewöhnlichen Ast zu helfen, den sie abgerissen hatte. Doch der rutschte ihr immer wieder heraus, sodaß die eine Anz immer wieder herunterhing. Schließlich traf sie einen Burschen auf dem Weg, der ein Messer bei sich hatte. Dieser schnitzte ihr einen anständigen Knöbel, und sie konnte wieder normal weiterfahren. Als sie um sieben Uhr abends nach Hause kam, mußte sie erst die Stallarbeit machen. Deswegen, weil eine Magd schwanger war, gab es keinerlei Rücksichten.

Manchmal, wenn es nicht gar zu weit war, wurden auch halbwüchsige Kinder auf die Alm geschickt. Eine Frau, die selbst schon mit sechzehn Jahren Sennerin war, mußte mit dreizehn oder vierzehn Jahren oft auf die Alm gehen. Damals war dort noch ihre ältere Schwester Sennerin.

Der Weg war in diesem Fall nicht so weit, nur etwa drei Stunden. Sie erinnert sich vor allem an eines noch ganz genau. Außer Brot, Kartoffeln und ein paar Dingen, die sie in ihrem Rucksack hatte, packte ihr ihre Mutter, die Bäuerin, immer ein Stück Speck zur Jause ein. Sie sollte diese Jause etwa zur Hälfte des Weges essen. Doch das Mädchen konnte es nie so lange aushalten. Schon wenn sie ein Stück gegangen war, hatte sie Appetit auf den Speck. Meistens ging sie nur so weit, daß sie nicht mehr gesehen werden konnte. Noch jetzt, dreißig Jahre später, erinnert sie sich daran, daß ihr eine Jause nie so gut geschmeckt hat wie auf diesen Almgängen.

Viele Erlebnisse sind jenen Leuten deutlich in Erinnerung geblieben, die früher öfters auf die Alm gegangen sind. Heute fahren die Bauern mit dem Auto oder mit dem Traktor auf die Alm, wenn sie nach ihrem Vieh sehen. Doch die Hütten stehen leer. Die Sennerinnen, die Jausenstationen bewirtschaften, fahren ebenfalls mit dem Auto bis zur Hütte. Gemütlicher war es sicher früher mit dem Pferd, aber das würde heute viel zu lange dauern. Außerdem haben die Bauern kaum noch Pferde, und wenn, dann nur als Hobby, nicht zur Arbeit.

Die Zeit spielte bei den früheren Almgängen keine Rolle. Es gab vieles, was die Gehzeit oder Fahrzeit verlängern konnte: Man konnte in ein Gewitter kommen, das Pferd konnte müde werden, man konnte aber auch einen Eisenreifen beim Rad verlieren. Das war besondes unangenehm, denn man mußte den Reifen immer wieder auf das Rad legen. Das Holzrad allein wäre gleich kaputt gewesen.

Und doch gingen die meisten Leute sehr gern auf die Alm. In der Hütte gab es frische Milch und ein Butterbrot. Außerdem konnte sich kaum jemand der Atmosphäre auf der Alm entziehen. Inzwischen sind die alten Wege und Steige verfallen und verwachsen. Die jüngeren Leute kennen sie kaum noch, weil sie nie mehr zu Fuß auf die Almen gegangen sind.

Teilweise wird allerdings noch Vieh auf diesen Wegen auf die Alm gebracht und auch wieder hinuntergetrieben. Doch auch das ist einfacher geworden, denn die jungen Kälber und jene Tiere, die schlecht gehen können, werden heute mit dem Traktor gefahren.

Wenn sich auch vieles verändert hat, so haben die Almen doch nichts von ihrer Anziehungskraft verloren.

Almsommer

Die ersten Wochen auf der Alm genossen die Sennerinnen ganz besonders, auch wenn es viel Arbeit gab. Das Vieh mußte sich erst richtig gewöhnen, und es mußte erst wieder alles in Schuß gebracht werden. Außerdem gab es in der ersten Zeit meistens sehr viel Milch. Es waren ja mehrere „frischmelcherte“ Kühe dabei, das heißt Kühe, die im Frühjahr gekalbt hatten und natürlich jetzt viel Milch gaben.

Die Weide war am Anfang des Sommers besonders reich und fett, was sich natürlich auch auf die Milchleistung auswirkte. Das hatte aber auch den Vorteil, daß das Vieh nicht so weit von der Hütte wegging. Somit mußte die Sennerin nicht so weit Kühe suchen gehen. Später dann, wenn rund um die Hütten die beste Weide abgeweidet war, ging das Vieh immer weiter auf die Alm hinaus. Das bedeutete, daß die Sennerinnen viel weiter gehen mußten und oft auch ziemlich lang das Vieh suchen mußten. Wenn ein Hüter auf der Alm war, dann war das Kühesuchen seine Arbeit.

Es war ja auf den verschiedenen Almen ziemlich unterschiedlich. Eine Sennerin erzählte mir, daß in Lienbach das Kühesuchen sehr schwierig war. Dort gibt es nicht viele freie Almwiesen. Im Wald aber findet man das Vieh sehr schwer.

Natürlich war eine Sennerin sehr vom Wetter abhängig. Bei Schlechtwetter mußte sie das Vieh auch am Nachmittag holen. Wenn es schön war, dann kam es von selbst. Es war dann sehr wichtig, daß es morgens schon recht bald wieder auf die Alm getrieben wurde, denn sonst kam es noch früher zur Hütte zurück. Sobald es heiß ist und die Fliegen lästig werden, will das Vieh in den Stall zurück; je länger es jedoch im Stall ist, desto mehr Arbeit ist das Tretputzen.

Extreme Wetterbedingungen konnten eine Sennerin in eine schwierige Lage bringen. Als meine Großmutter im „Großen Wiesler", also im Postalmgebiet, Sennerin war, hat es einmal im Juni sehr stark geschneit. Zwar wurde früher in dieser Gegend das Heu, das beim Angerheuen zusammenkam, nicht hinuntergefahren; es blieb auf der Alm. Es war einfach zu weit. Außerdem brauchte man auf der Alm ein bißchen Reserve.

Im Frühling mußten auch die Kälber mit Heu gefüttert werden, denn wenn sie erst nur das frische Gras bekommen, kriegen sie Durchfall. Ein Teil des Heues wurde auch im Herbst noch verfüttert. Jedenfalls war im Juni nicht mehr viel da. Es schneite aber so stark, daß die Sennerinnen weder das Vieh auf die Weide lassen noch im Anger Futter mähen konnten. Es gab also bald kein Futter mehr für das Vieh.

Großmutter hatte ohnedies immer großes Erbarmen mit ihren Tieren, und so traf es sie besonders hart. Sie hätte wohl selbst lieber nichts gegessen, als das Vieh hungern zu sehen. Bei den anderen Hütten war es nicht viel besser. Sie hatten auch nichts mehr. Schließlich wurde ein Hüter in das tiefergelegene Lienbach geschickt, daß er von dort Heu bringe. Doch der Hüter kam nicht zurück. Er brachte weder Heu, noch kam er selbst wieder. Er war in Lienbach bei einer Sennerin geblieben und kam erst drei Tage später wieder. Großmutter und die anderen Sennerinnen waren schon ganz verzweifelt, denn das Vieh brüllte vor Hunger. Doch dann besserte sich das Wetter, und der Schnee ging so schnell wieder weg, wie er gekommen war.

So schön es auf der Alm bei schönem Wetter ist, so unangenehm kann es bei schlechtem Wetter sein. Die Hütten sind ja auch nicht für die Kälte gebaut. Besonders auf höheren Almen, wie etwa auf dem Zinken, war es oft sehr kalt. Da kam es sogar im Hochsommer vor, daß es anfing zum „Schneeboaßn" (Schneeregen). Auf den Almen fällt auch oft der Nebel ein, sodaß man von einer Hütte nicht mehr zur anderen sieht, wenn sie auch ganz nahe ist. Bei schönem Wetter allerdings herrschte auf der Alm recht heitere Stimmung.

Die Sennerinnen konnten sich gegenseitig bei der Arbeit sehen, wenn sie bei der Hütte aus und ein gingen. Nach der Arbeit saßen sie auch beisammen und plauderten ein bißchen, oder man ging gemeinsam zu einer anderen Hütte. Eine Sennerin hatte ja am Nachmittag einige Zeit frei. Wenn sie tüchtig war, war sie zu Mittag mit ihrer Arbeit fertig. Sie mußte erst am späten Nachmittag, etwa um vier Uhr, wieder beginnen.

Die freie Zeit wurde auch gerne dazu genutzt, eine Handarbeit zu verrichten. Auch meine Großmutter hat das getan. Sie konnte gut stricken. Manche Sennerinnen konnten gut „ausnahn" (sticken). Sie beschäftigten sich mit einem Wandschoner oder einem Altartüchl. Wandschoner hingen ja nicht nur in einer Almhütte, sie waren auch zu Hause ein beliebter Wandschmuck und der Stolz vieler Frauen. Gestickte Altartücher wurden ebenfalls in jeder Stube gebraucht. Im Herrgottswinkel war in der Ecke ein dreieckiges Brett befestigt. An der Vorderseite wurde mit Reißnägeln das Altartüchl angebracht.

Der Nachmittag wurde von den Sennerinnen aber auch gern zu einem Schläfchen genutzt. Sie mußten am Morgen sehr früh aufstehen, etwa um drei Uhr, spätestens aber um vier Uhr. An den schönen Sommernachmittagen mögen die Sennerinnen mit Genugtuung an die Leute zu Hause auf dem Hof gedacht haben, die jetzt in der ärgsten Hitze auf den Feldern arbeiten mußten. Diese wiederum beneideten an diesen Tagen die Sennerinnen, weil sie nicht der Hitze ausgesetzt waren.

Die Sennerinnen bemerkten davon nur ein paar Tage etwas, wenn der Anger auf der Alm geheut wurde, und da war es nicht so schlimm. Auf der Alm ist es ohnehin nicht so heiß. Der Anger wurde erst später im Sommer geheut, wenn zu Hause die erste Heuernte schon vorbei war. Es wurde dort meistens bei Schlechtwetter gemäht, weil es da nicht heiß war, und außerdem hat man eine bessere „Schneid“, wenn das Gras naß ist. Oft wurden auf dem Anger auch Schober gemacht und diese dann später erst eingebracht, wenn sie trocken waren. Wenn in der Rauschn das frische Heu war, roch die ganze Hütte danach.

Die Sennerin war froh, wenn diese Arbeit vorbei war und die „Hoamitzer“ wieder weg waren. Die Hoamitzer wurden die Leute vom Hof, die von „dahoam“, genannt.

Doch nicht nur zur Arbeit kamen die Hoamitzer auf die Alm.

Früher gab es auf den Almen auch öfter Unterhaltung, einen „Almblitz“. Da wurde dann Ziehharmonika oder Mundharmonika gespielt, und es ging lustig zu. Die Postalm war so ein Platz, wo sich die Leute gern trafen. Dort war schon immer so eine Art Gasthaus. Auch die Sennerinnen aus der Umgebung kamen gern dorthin. Aber auch in den anderen Hütten gab es öfter einen „Blitz“. Früher gab es ja noch keine Straße von der Strobler Seite in dieses Gebiet, doch auch früher waren die Leute aus dem Salzkammergut gerne dort.

Da war es keine Seltenheit, daß eine Nacht durchtanzt wurde. Wenn die Leute auch hart arbeiten mußten und recht arm waren, so wußten sie sich sehr wohl zu unterhalten. Es wurde bei solchen Gelegenheiten auch gerne gesungen, manchmal auch gegenseitig angesungen. Es gab viele boshaftere Gstanzln, und wenn man keines mehr wußte, dann wurden aus dem Stegreif neue erfunden. Ein paar davon möchte ich wiedergeben, so wie sie mir erzählt beziehungsweise vorgesungen worden sind.

Lustig mia Ledinga,
Brauchn koan Prediga,
Predign uns selm,
Ham ma vül schena lebm.

Für Tennreit gens aufi,
Für Kranawett-Reit gengans für,
In Obermoas stellns ea krat,
Wassernudl für.

Aufisteign, zuawi loan,
Gaßlreim kon i koan,
An Schnaggla a zwe,
Muaß Dirndl aufsteh.

Tua liaba Fuada schnein,
Mit an Trumm Brett,
Den andan sei Diandl liabm,
Dös mag i net.

Ban Diandl ihrn Fensta,
San die Kerschn zeitig,
Si laßt ma koa brockn,
Do Sau dö neidig.

Ban Diandl ihrn Fensta,
Is a Hundl aufgmoin,
Und i trau mi net aufi,
Dös Luada könnt koin (bellen).

Bauern san Bauern,
Habm Ochsn und Küah,
Zu de Menscha habms a,
Net mehr Schneid ois wia mia.

D'Radochsberger Buam,
Wachsn auf ois wia d'Ruabm,
Habm Köpf ois wia s'Kraut,
San zan Fenstaln gehn z'laut.

Hat ana ans gsunga,
Hats zwenig betracht,
Hat an Suzla im Maul,
Mit an Schnürl angmacht.

Solche und ähnliche Gstanzln gab es viele. Überhaupt war der Gesang ein Mittel, um mehr oder weniger versteckte Bosheiten auszudrücken. Gerade die ärmeren

Dienstboten benutzten diese Gelegenheit gerne, um den Bauernsöhnen oder -töchtern oder auch dem Bauern selbst eins auszuwischen. Bei solchen Gelegenheiten konnten sie ihnen die manchmal recht herablassende Behandlung heimzahlen. Manchmal kam es bei solchen Gelegenheiten auch zu recht handfesten Auseinandersetzungen.

Doch besonders die jungen Leute hatten bei solchen Gelegenheiten viel Spaß. Es machte nichts aus, daß sie anschließend mehrere Stunden nach Hause und dann direkt an die Arbeit gehen mußten. Der Heimweg wurde ja ebenfalls in Gruppen gemacht, und es ging dabei nicht weniger lustig zu. Da konnte es schon sein, daß am nächsten Tag jemand bei der Arbeit einschlief, wenn es ruhig zuging.

Wie ich schon anfangs erwähnt habe, hat mein Großvater gut Mundharmonika gespielt, und in Großmutters Hütte hat es so manchen Blitz gegeben. Das war einfach etwas, was zum Almsommer gehörte. Ich hatte als junges Mädchen noch die Gelegenheit, solche Veranstaltungen mitzumachen. Es ging dabei immer sehr hoch her.

Der Almsommer ging den Sennerinnen meistens viel zu schnell dahin. Bald mußten sie auch damit beginnen, den Schmuck für den Almabtrieb herzustellen. Das war eine sehr zeitraubende Arbeit. Nur ein paar besonders schöne Kränze, etwa die der Glockkühe, wurden aufgehoben und dann ausgebessert und wieder verwendet. Das meiste mußte neu gemacht werden.

Sosehr sich die Sennerin im Frühjahr auf die Almfahrt gefreut hatte, wenn es erst einmal begann, von den Höhen her zu schneien, dann freute sie sich auch wieder aufs Heimfahren. Eine Sennerin erzählte mir allerdings, sie sei im Herbst nie gerne heimgefahren. Sie blieb immer länger als die anderen Sennerinnen. Sie war dann ganz allein auf der Alm. Die Weide war ja dann schon karg. Aber sie holte immer noch Futter von den Angern der anderen Hütten. Einmal hat es sie eingeschneit. Das war natürlich schlimm, denn das Vieh im Schnee von der Alm zu treiben ist schwer, weil es ja im Schnee sehr rutscht.

Im allgemeinen war es jedoch so, daß sowohl Sennerin als auch Vieh im Herbst gern wieder nach Hause gingen. Auch das Vieh spürt ganz genau, wenn der Almsommer dem Ende zugeht. So wie es im Frühjahr der Alm zustrebt, so geht es im Herbst wieder gerne nach Hause in den warmen Stall.

Abb. 1: Katharina Putz, die Großmutter der Autorin, vor „ihrer“ Almhütte mit einem hölzernen Melksechter.

Abb. 2: Von links nach rechts: die Autorin, ihre Tante und eine Nachbarsennerin vor der Stockerhütte im Wiesler-Postalmgebiet; etwa 1960/61.

Abb. 3: Großmutter und Tante der Autorin im „schönen Gewand“.

Abb. 4: Die Großmutter der Autorin vor deren Elternhaus.

Abb. 5: Bei einem „Almblitz“ auf der Gsengalm bei Abtenau; Mitte der dreißiger Jahre.

Abb. 6: Alte Sennerin.

Abb. 7: Alte Sennerin mit Bruder im Ausgedinge-Stübl.

Abb. 8: Sennerinnen vor der Oberhofalmhütte bei Filzmoos.

Abb. 9: Vor der Höllbrandalmhütte bei Hüttau; vor der Tür das hölzerne Rührkübel, neben und über der Tür sind Teile der Milchmaschine sowie weitere Milchgefäße aufgestellt; 1941

Abb. 10: Die Höllbrandalmhütte bei Hüttau/Salzburg.

Abb. 11: Sennerin und Hüterbub beim Almabtrieb, die Sennerin hält ein hölzernes „Stoßkübel“ zum Buttermachen in der Hand: 1925

Abb. 12: Sennerin mit geflochtenem Buckelkorb.

Die Arbeit der Sennerin

Der Arbeitstag einer Sennerin begann meistens schon um drei Uhr morgens. Als erstes mußte sie die Kühe von der Alm holen. Wenn sie abends das Vieh auf die Weide trieb, achtete sie schon darauf, in welche Richtung es geht. Während die Tiere fressen, gehen sie ja auch gleichzeitig weiter. Die Hütten stehen meistens in einer Mulde, und es ist wichtig zu wissen, auf welcher Seite das Vieh hinaufgegangen ist.

Eine Sennerin mußte vor allem gut zu Fuß sein, denn um das Vieh zu holen, mußte sie regelmäßig weite Strecken zurücklegen. Meine Großmutter nahm dazu natürlich immer ihren Hund mit. Außerdem hatte sie auch stets ihren „Stackelsteckn“ dabei. Das war ein langer Stock, der unten einen Eisenspitz hatte. Früher hat man zum Berggehen meistens solche Stöcke benutzt. Mein Vater hatte auch immer seinen Stackelstecken mit, wenn er auf den Berg zur Arbeit ging.

Ich habe als junges Mädchen noch den Stock meiner Großmutter benutzt, wenn wir ins Tennengebirge gingen. Besonders beim Bergabgehen ist ein solcher Stock eine große Hilfe, wenn man damit umgehen kann. Mein Vater hatte einen Stock, der zwei Meter lang war. Als ihn einmal Fremde so mit seinem Stock einen steilen Weg sehr schnell hinuntergehen sahen, wollten sie das auch ausprobieren. Der Versuch endete allerdings damit, daß der Mann den Stock zwischen die Beine bekam und direkt gegen einen Baum fiel.

Großmutter brauchte ihren Stackelstecken allerdings nicht nur zum Gehen, sondern auch zum Kühetreiben.

Dieses Küheholen beziehungsweise -suchen war für die Sennerinnen mit verschiedenen Abenteuern verbunden. Besonders wenn es nebelig war, konnte es passieren, daß sie mehrere Stunden unterwegs waren. Bei Nebel waren sie hauptsächlich auf den Klang der Kuhglocken angewiesen. Eine Sennerin erkannte ja ihre Kühe am Klang der Glocken. Sowohl eine Kuh, die Glockkuh, als auch eine Kalbin und auch ein Kalb trugen eine Glocke. Die Glocke der Kuh wurde die „Speisglockn" genannt.

Auch heute haben die Glocken beim Vieh auf der Alm noch eine genauso wichtige Funktion. Leider kommt es in letzter Zeit öfter vor, daß dem Vieh die Glocke abgenommen und als Souvenir mitgenommen wird. Leute, die so etwas tun, bedenken wohl nicht, daß sie – über den Diebstahl hinaus – noch viel größeren Schaden anrichten können. Ohne Glocke ist das Vieh noch viel schwerer zu finden, und man merkt es auch nicht, wenn es in gefährliches Gelände kommt. Darüber hinaus ist das Vieh an die Glocke gewöhnt, und wenn diese Glocke fehlt, geht ihm etwas ab. Es wird dadurch unruhig und führungslos.

Überhaupt wird mit dem Vieh auf der Alm von den Touristen viel Unfug getrieben. Schon allein die Tatsache, daß oft Sachen einfach weggeworfen werden, kann großen Schaden anrichten. Eine Bäuerin erzählte mir, daß eine Kalbin auf der Alm eine Plastiktasche gefressen hat und daran erstickt ist. Man muß sich einmal vorstellen, welchen Schaden so etwas anrichtet. Wanderer sollten wirklich etwas vernünftiger sein.

Es ist auch sehr leichtsinnig, wenn Kinder oder Erwachsene das Vieh auf der Weide angreifen. So eine Kuh braucht nur anständig den Kopf zu schütteln, dadurch schon können erhebliche Verletzungen durch die Hörner passieren. Auch Fohlen sind sehr unberechenbar. Sie sind zwar sehr lieb, doch sie können plötzlich beißen oder ausschlagen. Das Muttertier kann ebenfalls sehr böse reagieren, wenn man sein Fohlen angreift. Tiere sind immer unberechenbar, und es ist sehr leichtsinnig, wenn man sie auf der Weide angreift. Man muß mit ihnen umzugehen wissen.

Die Sennerinnen wußten wirklich mit ihren Tieren umzugehen. Sie kannten jedes einzelne Stück, auch wenn sie mehr als zwanzig hatten. Bei der Hütte, bei der meine Großmutter war, sind vierundzwanzig „Gräser" dabei, das heißt, der Bauer durfte vierundzwanzig Stück Vieh auf der Alm haben. Wenn er selbst nicht so viele hatte, dann waren eben ein paar Annehmkühe dabei, also Kühe, die einem anderen Bauern, der keine Alm hatte, gehörten. Großmutter hatte auch einmal zwei Ochsen dabei. Sie hatten im Stall nicht mehr Platz, weil alles schon so voll war. Sie mußte sie neben der Tür anhängen.

Sie hatte also immer allerhand zu tun, wenn sie ihr Vieh zur Hütte treiben mußte. Es konnte dabei so manches Hindernis geben. Jede Alm hat so ihre Tücken. Im Ackersbach war das Wasser ein Problem. Die Hütten stehen wie im Wiesler in einer Mulde, in der Mitte fließt ein Bach durch, der bei Schönwetter ganz harmlos, bei Schlechtwetter aber sehr wild ist. Eine Sennerin erzählte mir, daß sie einmal von der anderen Seite des Baches ihr Vieh geholt hatte, und als sie zurückkam, war der Bach so tief, daß sie das Vieh nicht mehr hinüber brachte.

Auf dem Trattberg, wo es viel Nebel gibt, war es oft schwer, das Vieh von der Höhe hinunterzutreiben, weil es dort teilweise sehr gefährlich war. Bei Schlechtwetter gingen die Sennerinnen gerne mitsammen. Eine Sennerin, die ich einmal dort besucht habe, erzählte mir, wie es ihr einmal gegangen ist. Zusammen mit einer anderen Sennerin suchte sie ihr Vieh und fand es dann auf der Höhe. Sie wollten das Vieh nur heruntertreiben, doch es gelang ihnen nicht. Die Kühe drehten immer wieder um und begannen zu fressen. Schließlich beschlossen sie, das Vieh einfach zu treiben und seinen eigenen Weg gehen zu lassen.

Erst als sie weiter herunten waren, stellten sie fest, daß sie die Orientierung verloren hatten und das Vieh direkt über die felsigen Stellen hätten heruntertreiben wollen.

Das Vieh hatte das offenbar gemerkt und sich geweigert, in diese Richtung zu gehen.

Das Wiesler, wo meine Großmutter so lange war, war ja eine sehr schöne Alm. Es gibt dort nicht so viele gefährliche Stellen. Es ist aber eine sehr weite Alm, und so hatte sie immer sehr lange Wege zurückzulegen – und das bei jedem Wetter.

Hatte man das Vieh erst einmal im Tret angehängt, dann war es zum Melken. Nur wer diese Arbeit kennt, weiß auch, daß das gar nicht so einfach ist. Ich erinnere mich noch sehr gut, wie ich meine ersten Versuche gemacht habe. Ich war damals etwa zehn Jahre alt.

In unserem Stall standen drei Kühe. Die erste war ziemlich groß und überhaupt sehr schwer zu melken. Sie kam also für mich überhaupt nicht in Frage. Auch die zweite war nicht für mich geeignet. Blieb die dritte. Sie hieß „Reim" und war relativ klein. Namen wie „Glück" oder „Reim" hatte man gerne für Kühe. „Reim haben" sagt man, wenn im Stall alles gutgeht. Gibt es Unglück, sodaß ein Stück Vieh krank ist und stirbt, dann sagt man, der Bauer hat „Unreim" gehabt.

Unsere Reim sollte also für mich als Versuchskaninchen dienen. Sie war zwar eine recht gute Milchkuh, doch sie hatte kleine Zitzen, die ich mit meinen noch kleinen Händen eher fassen konnte. Natürlich wurden meine Versuche gestartet, als sie nicht mehr viel Milch gab. In der guten Milchzeit hätte meine Mutter viel zuviel Angst gehabt, ich könnte sie „verstrupfen". Wenn eine Kuh nämlich nicht richtig gemolken wird, dann gibt sie die Milch auch nicht mehr richtig her. Also begannen meine Versuche zu einer Zeit, wo sie bald „pseichn" sollte, das heißt, sie gab nur noch wenig Milch, weil sie trächtig war.

Früher nahm man zum Melken keinen Eimer, sondern einen hölzernen „Sechter". Das ist ein Gefäß, das gemacht ist, wie ein kleines Schaff. Eine „Taufi" (Daube) war etwas länger und hatte ein Loch, damit man den Sechter tragen konnte. Ich nahm also meinen Sechter und setzte mich zur Reim. Sie war eine recht gutmütige Kuh, doch war sie anscheinend doch nicht gewillt, ein Versuchskaninchen abzugeben.

Kaum hatte ich den Sechter zwischen die Knie gestemmt, machte sie einen Schritt nach vor, nach hinten oder zur Seite, sodaß ich wieder nachrücken mußte. Wenn ich meiner Mutter zusah, so ging das anscheinend ganz leicht. Die Milch schoß nur so in den Sechter, und es wurde ein schöner „Foam" (Schaum) darauf. Doch ich hatte Mühe, überhaupt etwas herauszubringen. Nebenbei bekam ich immer den Schwanz der Kuh ins Gesicht geschlagen, und sie trat mir auch mehrmals auf die Zehen.

Es dauerte eine geraume Zeit, bis ich halbwegs melken und mich auch an eine andere Kuh heranwagen konnte. Da wir dann von dem Hof, den wir nur gepachtet hatten, wegkamen, habe ich dann jahrelang nicht mehr gemolken. Jahre später war ich einmal mit einer Gruppe junger Leute auf der Alm in Seewaldsee. Es ging sehr lustig zu, und die Sennerin kam erst spät in den Stall. Wir jungen Leute halfen ihr ein bißchen, und ich habe auch eine Kuh gemolken, weil ich die einzige war, die es konnte. Jedenfalls habe ich mir das eingebildet. Ich hatte es zwar nicht verlernt, doch ich war es nicht mehr gewohnt, und mir taten dabei die Hände so weh, daß ich Mühe hatte, die eine Kuh fertigzumelken. Die Sennerin amüsierte sich sehr darüber, sie war diese Arbeit gewohnt.

In der Früh muß die Sennerin dazuschaun, daß sie bis spätestens sechs Uhr mit dem Melken fertig ist, damit das Vieh wieder auf die Alm kommt. Dann heißt es die Milch verarbeiten.

Zuerst muß die Milchmaschine zusammengestellt werden. Die Maschine, mit der die Milch entrahmt wird, muß nämlich nach jedem Gebrauch in alle Einzelteile zerlegt und sorgfältig gewaschen werden. Zum Trocknen wurde sie gern vor der Tür auf ein Brett gelegt. Auch wir haben die Teile der Milchmaschine immer bei schönem Wetter auf die Hausbank zum Trocknen gelegt. Das Zusammenstellen war immer meine Arbeit.

Da war zuerst einmal die Trommel. Sie bestand aus dem Unterteil mit der Spindel und, soweit ich mich noch erinnern kann, aus vierundzwanzig „Schüsserln“. Die Schüsserln mußten alle auf die Spindel aufgelegt werden. Das ging genau her, denn sie hatten alle einen Falz, sodaß man sie genau auflegen mußte. Darüber kam der Trommelmantel, der mit einer Schraube festgemacht und mit einem eigens dafür gemachten Schraubenschlüssel angezogen werden mußte. Die Trommel wurde dann auf die Maschine getan, darüber die beiden Schläuche mit dem Oberteil und schließlich das große Milchgefäß.

Das Betreiben der Maschine mit der Kurbel war gar nicht so einfach. Zuerst mußte man die Maschine erst richtig in Schwung bringen. Da war eine Glocke, die bei jeder Umdrehung anschlug. Hatte die Maschine den richtigen Schwung, dann klang die Glocke nur noch sehr dumpf. Erst jetzt durfte man den Milchhahn aufmachen und die Milch hineinrinnen lassen. Es war wichtig, immer die gleiche Geschwindigkeit zu haben. Trieb man zu schnell, dann wurde die Milch zuwenig, und trieb man zu langsam, dann wurde sie zu viel abgerahmt.

Ich hatte da mit unserer Milchmaschine so meine Erlebnisse; einmal zu schnell, dann wieder zu langsam. Doch Mutter achtete schon darauf, daß ich immer richtig trieb. Unsere Maschine war nicht mehr die jüngste und hatte noch zusätzlich ihre Mucken. Wenn man nicht ganz gleichmäßig trieb, dann begann sie zu rumpeln und zu zittern. Man mußte dann stehenbleiben, bis sie damit aufhörte, dann mußte man wieder von neuem beginnen.

Auf den Almen war besonders im Frühsommer viel Milch, sodaß die Sennerin mehrmals nachfüllen mußte, weil die Milch auf einmal nicht in den Trichter ging. Da konnte es schon sein, daß die Milchmaschine eine Stunde und auch mehr betrieben werden mußte.

Eine andere Arbeit, die die Sennerin täglich tun mußte, war das Butterrühren. Der Rahm vom Vortag mußte gerührt werden. Meine Mutter erinnert sich noch daran, daß Großmutter einen Stoßkübel aus Holz hatte. Bei den

Stoßkübeln mußte man beim Rühren den Rührstab, an dem unten ein genau in den Kübel passendes Brett mit Löchern angebracht war, schön gleichmäßig hochziehen und wieder hinunterstoßen.

Großmutter hatte in ihrer Hütte dafür eine besondere Vorrichtung. Diese sah ähnlich aus wie ein Leierbrunnen und war auch so zu bedienen. Später kamen dann die runden Rührkübel aus Holz oder Blech, die mit einer Kurbel betrieben wurden.

Ich habe auf einer Alm, die seit einiger Zeit wieder als Jausenstation bewirtschaftet wird und auf der auch die Almwirtschaft wieder betrieben wird, eine solche Buttermaschine und auch eine Milchmaschine gefunden. Ich habe auch ein bißchen Butter gerührt, und dabei sind mir meine eigenen Erlebnisse in diesem Zusammenhang wieder eingefallen.

Mit einer Rührmaschine hatte ich einmal ein ganz besonderes Pech. Die Teile der Maschine waren gemeinsam mit dem anderen Milchgeschirr auf der Hausbank zum Trocknen aufgestellt. Ich wurde geschickt, ein Kübel von dort zu holen. Ich nahm das Kübel zwischen dem anderen Geschirr heraus und ging damit zu meiner Mutter. Da kam plötzlich das Rührkübel hinter mir hergerollt. Keiner von uns konnte es aufhalten. Das Kübel kollerte den steilen Hang hinunter und flog in hohem Bogen mit einer solchen Wucht auf eine große Buche, daß sogar die Rinde erheblich verletzt war.

Das Kübel fanden wir schließlich im Graben unten zwischen den Bäumen. Es war in einem traurigen Zustand: überall verbeult und zusammengedrückt. Der Spengler brachte es dann wieder halbwegs in die alte Form, doch das Kübel hatte für alle Zeiten deutliche Spuren von diesem Ausflug. Ich wurde dadurch stets an meine Missetat erinnert und war in Zukunft vorsichtig, wenn ich mit dem Milchgeschirr zu tun hatte.

Das „Rüahrat"-Einrichten und das Rühren waren heikel. Die Rührmaschine muß zuerst mit heißem und dann mit kaltem Wasser ausgeschwemmt werden, denn sie muß genau die richtige Temperatur haben: Ist das „Rüahrat" zu kalt, dann „wird es nicht", es wird keine Butter; ist es zu warm, dann wird die Butter auch nicht richtig. Es kann aber auch passieren, daß das Rüahrat „launig" wird. Das geschieht, wenn nicht richtig und gleichmäßig getrieben wird. Je besser alles stimmt, desto besser geht das Rühren.

Für all die Arbeit mit der Butter ist nicht jedes Wasser geeignet. Viele Sennerinnen mußten das „Butterwasser" weit herholen, weil das Wasser, das sie sonst verwendeten, nicht geeignet war.

Auch alles andere Geschirr, das beim Buttermachen verwendet wurde, mußte zuerst heiß und dann kalt ausgespült werden. War die Butter fertig, dann wurde die „Rührmilch" aus dem Kübel herausgeschüttet und dann wurde die Butter herausgeholt und „gewaschen".

Die Rührmilch, die direkt aus der Buttermaschine kommt, ist anders als die Buttermilch, die man zu kaufen bekommt. Sie ist nicht sauer und auch nicht dick. Es schwimmen richtige kleine Butterstückchen darin.

Die Butter wurde in einer großen Holzschüssel oder in einem „Frentl", einem Schaff, immer wieder mit kaltem Wasser „gewaschen". Sie wurde so lange durchgeknetet, bis das Wasser rein blieb. Das Wasser mußte immer gewechselt und die Hände mußten ebenfalls zuerst in heißes und dann in kaltes Wasser eingetaucht werden, damit sie nicht klebten. Dann wurde eine runde Kugel daraus gemacht. Jetzt mußte sie noch zu einem viereckigen Stock geformt werden.

Dazu nahm man zwei Bretter mit einem Stiel. Ich habe noch ein solches altes Butterbrett in Gebrauch. Es hat am Stiel die Zahl vierundzwanzig eingeschnitzt. Das ist das Gewicht des Brettes. Das war nötig, weil die Butter samt Brett gewogen wurde. Man wußte dann genau, daß man vierundzwanzig Dekagramm abziehen mußte.

Das Butterstock-Machen war eine recht schwere Arbeit. Man mußte den Butterstock abwechselnd mit dem einen und dann wieder mit dem anderen Brett halten und mit dem zweiten Brett in die richtige Form klopfen. Immerhin hatte so ein Butterstock so um die drei Kilogramm. Er mußte schön viereckig sein, unten etwas schmäler als oben. Der fertige Stock wurde dann mit einem hölzernen Buttermodel verziert.

Aus einem kleinen Teil der Butter machte die Sennerin eine Kugel, genannt „Erd-Bazei“. Diese Butter war für den persönlichen Gebrauch bestimmt. Eine Sennerin durfte für sich selbst pro Woche zirka ein Kilogramm Butter verbrauchen.

Bei uns zu Hause wurde, wie bei anderen Bauern auch, öfters statt dem Butterstock ein Butterstriezel gemacht. Die Striezel formte man dadurch, daß man die Butter mit der Schüssel in die richtige Form brachte. Die Striezel wurden dann ebenfalls mit einem Model oder einem Löffel verziert.

Jene Butter, die von der Alm nicht auf den Hof gebracht wurde, wurde verkauft. Das war Arbeit des „Rossers“. Der Rosser ist der Hirte für das Vieh, das frei auf der Alm geht. Auf manchen Almen gab es einen eigenen „Schmalzer“, der jede Woche die Butter von der Alm hinuntertrug und dann auch für die Sennerinnen einiges einkaufte. Im Wiesler wurde die Butter mit der „Kraxn“, einem Holzgestell, das zum Tragen schwerer Lasten dient, nach Strobl gebracht, weil es dorthin näher war. Da Papier früher schwer ankam, wurden die Butterstöcke in große Blätter eingepackt. Diese „Butterbletschn“ wuchsen an feuchten Stellen. Sie wurden gewaschen, und sie hielten die Butter auf dem Transport gut frisch.

Das Geld, das für die Butter hereinkam, mußte die Sennerin dem Bauern abliefern. Manchmal kam es vor, daß eine Sennerin für sich selbst etwas verkaufte oder bei einem Hausierer eintauschte. Doch die Bauern wußten ja ungefähr, wieviel zusammenkam. Die meisten Sennerinnen waren auch genau und ehrlich. Es gab aber auch Bauern, die nie recht zufrieden waren. Das war für die

Sennerin sehr unangenehm, denn sie konnte nicht mehr zusammenbringen, als die Kühe Milch gaben.

Großmutter hatte eine Zeitlang die größten Schwierigkeiten mit dem Buttergeld. Sie war ja Sennerin beim alten und beim jungen Bauern, und jeder wollte das Geld. Wenn dann der eine schon alles geholt hatte, war der andere wieder zornig. Als dann ihre Tochter beim jungen Bauern Sennerin war und alles getrennt war, mochte es wohl besser gewesen sein.

Außer Butter mußte eine Sennerin auch Käse machen. Ich habe damals, als ich bei meiner Tante auf der Alm war, nicht genug aufgepaßt, daß ich diese Arbeit aus eigener Erfahrung schildern könnte. Doch meine Mutter, die ja öfters bei ihrer Mutter auf der Alm war, hat es noch gelernt und später auch manchmal probiert. Doch wir hatten zuwenig Milch dazu. Großmutter hatte den großen Kaskessel, in dem sie die Milch erhitzte. Dann kam die „Buaß" – ein gelbes Pulver, das Lab – hinein. Dieses Pulver fördert die Gerinnung der Milch. Man durfte nur ganz wenig davon nehmen. Anschließend mußte man das ganze umrühren. Großmutter machte das immer mit der Hand. Sie sagte, man müßte dabei die Finger auseinanderhalten und etwas abbiegen. Früher wurde auf solche Dinge sehr viel Wert gelegt.

Als nächstes wurde der „Kas-Stutzen" hergerichtet. Das war ein kleines Holzfaß, das am Boden Löcher hat. Dann wurde auf ein Schaff eine Leiter gehängt und der Kas-Stutzen draufgestellt. Auf den Stutzen kam ein ganz feines Tuch, dann wurde die geronnene Milch hineingeschüttet. Die Molke, sie hieß „Juttn", rann somit in das Schaff, und der „Topfn" blieb im Kas-Stutzen. Der Topfn wurde nun sorgfältig festgedrückt, dann kamen ein passendes Brett und ein Stein darauf. Die Juttn wurde an die Kälber verfüttert.

Am nächsten Tag wurde der Käselaib herausgenommen und gesalzen. Er kam nun in die Baumrinde, die die Männer im Frühjahr beim Holzmachen hergerichtet hatten. Die Käselaibe wurden natürlich im Kaskeller aufgestellt. Sie mußten immer wieder gesalzen und umgedreht werden. Wenn der Käse nicht richtig gelang, dann sagte man, das sei ein „Hansl-Patzen". Der Käse wurde ebenfalls von der Alm abgetragen und verkauft. Eine Frau, die im Ackersbach Sennerin war, erzählte mir, dort sei immer der „Kaser" aus Hintersee gekommen.

Wenn es schon gegen den Herbst ging, dann wurden Milch und Butter weniger. Dann wurde auch kein Käse mehr gemacht; dafür aber Topfen für die „Kas-Suppn" im Winter. Dieser Topfen wurde auf einen Tisch im Kaskeller geschüttet. Der Tisch hatte rundum einen Rand, damit nichts hinunterfallen konnte. Dort wurde der Topfen kräftig geknetet und dann ein Haufen gemacht.

Meine Mutter erinnert sich noch, daß sie gerne von diesem Topfen genascht hat, doch Großmutter merkte es dann, wenn der Haufen nicht die übliche Form hatte. Dieser Topfen hält sehr lang. Er wird auch „Knetkas" genannt. Im Liesertal in Kärnten bekam ich sogar einen zu kosten. Dort heißt er „Suppen-Machat", weil er zur Suppe verwendet wird. Er ist allerdings heute auch dort kaum noch zu bekommen.

Durch all diese Arbeiten hatte die Sennerin dann eine Menge Geschirr zu waschen: da waren die Milchmaschine, das Melkgeschirr, der Kaskessel, die Rührmaschine usw. Man darf nicht vergessen, daß es früher keinerlei Abwaschmittel gab. Man hatte nur reines Wasser, und das mußte oft noch ein ganzes Stück hergetragen werden. Die Sennerin mußte eben mit Bürste und feinem Sand arbeiten. Es mußte alles sehr genau hergehen, denn bei Milch und Butter wird sonst gleich etwas sauer oder ranzig.

Außer der Arbeit mit Milch, Butter und Käse hatte die Sennerin natürlich auch eine Menge anderer Dinge zu tun. Sie mußte auch den Tret putzen und Futter mähen und in die Hütte tragen. Bei manchen Hütten waren die Anger recht schön. Es konnte schon sein, daß der Anger auf der Alm weniger steil war als die Felder zu Hause.

Auf jenen Almen, auf die keine Straße hinaufführt, werden die Anger heute nicht mehr gemäht. Wo noch gemäht wird, wird das natürlich mit dem Motormäher gemacht, und das Heu wird dann mit Traktor und Ladewagen gleich nach Hause gefahren. Die Sennerinnen haben früher mit der Sense gemäht. Das Gras wurde dann mit einem großen Buckelkorb in den Tret getragen. Die Sennerin aus dem Ackersbach erzählte mir, sie sei dabei einmal samt dem vollen Korb in den Bach gefallen. Früher wurde das Grünfutter auch auf dem Hof meistens mit dem Korb heimgetragen.

Heute gibt es kaum noch Körbe. Es gibt ja auch keine „Körbler" mehr. Ich hatte noch die Möglichkeit, einen solchen Körbler bei seiner Arbeit zu beobachten. Er war unser Nachbar. Der Hansl war damals schon ziemlich alt, aber er produzierte noch laufend Körbe verschiedenster Arten und Formen. Er hatte ein kleines Holzhaus, das er sich aus einem Getreidekasten[1]) gebaut hatte, den er von zu Hause geerbt hatte.

Ich habe dem Hansl oft bei der Arbeit zugeschaut. Es erforderte viele Arbeitsgänge, bis ein solcher Korb fertig war. Zuerst mußte er die langen, dünnen Stangen im Wassertrog einweichen, dann wurden diese Stangen in dünne Späne geschnitten und wieder ein paar Tage im Wassertrog eingeweicht. Bevor er mit dem Flechten beginnen konnte, mußte er erst die festen Holzteile herstellen. Da waren zwei Hölzer mit je zwei Löchern, die oben und unten im Korb eingearbeitet wurden und durch die dann die Stricke zum Tragen durchgezogen wurden.

Die meiste Arbeit gab jedoch der „Schlitten", der Unterteil des Korbes. In diesen Schlitten werden die senkrechten, etwas dickeren Späne eingezogen. Erst dann konnte mit den dünneren Spänen geflochten werden. Oben bekam der Korb zwei Löcher, damit man ihn tragen konnte. Ganz oben kam dann der dicke, geflochtene Rand.

---

1 Holzhaus im Hofverband, das zur Aufbewahrung von Lebensmittelvorräten diente.

Ich weiß nicht mehr, wie lang der Hansl an einem solchen Korb gearbeitet hat, jedenfalls hing viel Arbeit daran. Außer den großen Buckelkörben hat er auch kleinere „Stezl-Körberln", zum Holztragen und für andere Zwecke, gemacht. Als er starb, vermißten ihn die Leute sehr, weil es weit und breit keinen anderen Körbler gab.

Ich sehe ihn heute noch in meiner Erinnerung, wie er mit seinen Spänen bei uns vorbei zum Wassertrog beim Nachbarn ging. Er kaute dabei immer seinen Kautabak. Gerne machte er eine Rast auf unserer Hausbank. Er wußte immer viele Neuigkeiten zu erzählen, weil zu ihm viele Leute kamen. Wenn er schon einmal etwas nicht genau wußte, dann fragte er so lange nach, bis er erfuhr, was er wissen wollte.

Jetzt bin ich aber sehr weit vom Thema abgeschweift, doch wenn ich an einen Korb denke, dann fällt mir unweigerlich der alte Körbler-Hansl ein.

Aber nun zurück zu den Sennerinnen. Wie bereits erwähnt, kam das Vieh bei Schönwetter zu Mittag oder auch schon früher selbst zur Hütte. Es mußte in den Tret gelassen und angehängt werden. Nachmittags war dann für einige Zeit Ruhe. So etwa gegen vier Uhr nachmittag begann die Arbeit von neuem. Bei Schlechtwetter kam das Vieh nicht, da mußte die Sennerin auch am Nachmittag das Vieh suchen gehen.

Dann war es wieder zum Melken, nachher Viehaustreiben, Tretputzen, Milchabtreiben usw. Bis die Sennerin zum Essen kam, war es sicher acht oder halb neun. Das war so in groben Zügen der Arbeitstag einer Sennerin.

Der Hüterbub

Hüterbuben waren meistens halbwüchsige Burschen von etwa fünfzehn, sechzehn Jahren. Meistens gab es auf der Alm einen Hüterbuben, wenn die Sennerin schon etwas älter war oder, was öfter vorkam, wenn die Altbauersleute auf die Alm gingen. Solche Leute taten sich dann schon beim Gehen schwer, und so mußte der Hüterbub vor allem das Vieh holen.

Er mußte dann auch beim Melken helfen, das Vieh wieder austreiben, Tretputzen, Futter mähen und hertragen oder zumindest dabei helfen, Milch abtreiben, rühren usw.

Auf einer Alm im kärntnerischen Liesertal im Nockgebiet war es so, daß der Hüter auf der „Wiesn“, das ist ganz oben auf der Alm, für sich eine eigene kleine Hütte hatte, wo er allein hauste. Er war dort für das Jungvieh und die Pferde zuständig. Er hatte dort so um die zwanzig Stück Vieh, auf die er aufpassen mußte. Abends mußte er mit dem Vieh „legern“ gehen, das heißt, er mußte so lange dabeibleiben, bis sich das Vieh irgendwo hingelegt hatte. Erst dann durfte er in seine Hütte gehen. Morgens mußte er eben schon so bald wieder beim Vieh sein, daß er es noch auf dem gleichen Platz fand.

Es kam schon auch vor, daß die Hüter irgendwo zusammensaßen und Karten spielten, besonders dann, wenn viele junge zusammen waren. Doch wenn etwas verlorenging, dann flogen sie auf, und es gab großen Krach. Die Hüter, die dort schon durchwegs erwachsen waren, gingen halt auch gern öfter einmal hinunter zu den Sennerinnen. Sie holten sich von dort auch die Milch und die Butter. Heute stehen die Almhütten in dieser Gegend im Gamschitztal, einem Seitental des Liesertales, alle leer. Die kleinen Hütten der Hüter sind großteils schon verfallen.

In der Abtenauer Gegend hatte der Hüter sein Bett in der Rauschn. Ich fand einen ehemaligen Hüter, der mir ein bißchen aus der Zeit erzählte, in der er als fünfzehn- und sechzehnjähriger Bursch Hüter war. Er war da auf einer Alm, auf der im Vorsommer immer einige „Pflanzler" – das sind jene Leute, die abgeholzte Flächen wieder aufforsten – geschlafen haben.

Es war allerhand Leben in dieser Hütte, was dem Burschen nicht schlecht gefiel. Er hat sich dabei so manche übermütige Streiche geleistet. So hat er einmal unbemerkt Salz in den Tee der Pflanzler getan. Sie wunderten sich sehr, daß der Tee so „hi-süaß" war, und versuchten, das mit mehr Zucker und Rum auszugleichen – aber der Tee wurde davon nicht besser. Was wirklich daran schuld war, das erfuhr allerdings niemand.

Nicht sehr weit von dieser Alm gab es einen Bach, in dem sich die Forellen tummelten. Dem konnte sowohl der junge als auch der alte Bauer nicht widerstehen. Damals führten die Altbauersleute die Almwirtschaft. Der Hüter mußte mit dem Altbauern fischen gehen. Natürlich hatten sie keine Angel im üblichen Sinne. Ein Haselstock mit einem Stück Schnur, ein paar Bleikügelchen und ein Haken genügten vollkommen. Regenwürmer gab es an Ort und Stelle genug.

Der Hüter ging bald auch allein zum Fischen. Der Jäger, der immer in der Umgebung war, drohte dem Burschen zwar: „Wehe, wenn ich dich beim Fischen erwische!" Doch der Hüter wußte sich zu helfen. Er ließ sich schon nicht erwischen. Wenn er Fische gefangen hatte, dann fädelte er sie auf eine Haselrute und zog sie hinter sich her. Er ging dabei immer durch den Anger zur Hütte, wo das Gras tief war. Sah er irgendwo den Jäger kommen, dann ließ er seine Rute mit den Fischen einfach fallen und ging ganz normal weiter. So kam ihm der Jäger nie dahinter. Die Fische holte er sich dann später, wenn der Jäger nicht mehr da war. Mit der Zubereitung war er allerdings nie ganz zufrieden, er meinte, die Altbäuerin hätte das nie richtig gemacht.

Der junge Bauer, der in seiner Jugend jahrelang Senner war, hat auch gewildert. Er tat das so lange, bis er einmal einen Hirschen aus relativ kurzer Entfernung verfehlte. Er erzählte später, er hätte sich gedacht: „Wann i a so a Trumm nimma triff, dann kann is glei lassn." Beim Fischen allerdings wurde er einmal vom Jäger erwischt. Er redete sich aus, er hätte ein paar Buben beim Angeln erwischt und ihnen das Angelzeug weggenommen. Als er das Zeug dann in der Hand hatte, hätte er sich gedacht, er müsse das auch einmal probieren, weil so große Forellen vor ihm hin und her geschwommen wären. Ob ihm der Jäger das abgenommen hat, bleibt dahingestellt, doch angezeigt hat er ihn nicht.

Der besagte Jäger war einer von denen, die mit dem Jägerlatein besonders dick auftrugen. Als Bestätigung mag folgende Geschichte gelten: Einmal, so erzählte er, hätte er einen besonders schönen Gamsbock erlegt. Das war allerdings in einem unwegsamen Gelände, sodaß er mit dem Gamsbock einfach nicht herauskam. Er zog die Schuhe aus und versuchte es barfuß, doch selbst da rutschte er auf dem glatten Fels aus. Da nahm er kurzerhand sein Messer und machte in jeder Zehe unten einen Schnitt, damit er blutete. Mit den blutenden Zehen konnte er sich auf dem Felsen halten, weil das Blut gut klebte. Zu dieser Geschichte ist wohl kein Kommentar nötig. Die Jäger scheinen ja ohnehin ein besonderes Völkchen zu sein. Dazu eine Geschichte, die offenbar auf Wahrheit beruht. Sie wurde mir von einem alten Bauern und Jäger erzählt und von seiner Tochter bestätigt.

Früher, als auf dem Hof noch Dienstboten waren, kam der Jäger einmal nachts von der Pirsch nach Hause. Da entdeckte er, daß bei der Magd am Fenster ein Bursch war. Der Bauer schlich sich unbemerkt ins Haus und sagte auch später nicht, daß er etwas bemerkt hatte. Am nächsten Samstag verschmierte er das Fenstergitter in der Mägdekammer dick mit stinkender, schwarzer Wagenschmiere. Als er nachts von der Pirsch kam, sah er tatsächlich wieder den Burschen am Kammerfenster der Magd. Auch diesmal schlich er unbemerkt ins Haus.

Als die Magd am nächsten Morgen vom Stall ins Haus kam, sah die Bäuerin, daß sie ein ganz verschmiertes Gesicht hatte. Sie schickte sie zum Spiegel. Erst jetzt kam die Magd drauf, daß sie ganz schwarz war, und es wurde ihr klar, weshalb sie einen so üblen Geruch in der Nase hatte. Sie hatte sich morgens nach dem Aufstehen wie üblich draußen beim Brunnen gewaschen, doch mit dem kalten Wasser hatte sie die Schmiere nur noch mehr verschmiert. Die Magd ahnte schon, wer ihr den üblen Streich gespielt hatte. Sie wußte, daß der Bauer zu allen möglichen Späßen bereit war. Das änderte aber nichts daran, daß sie noch lange deshalb von den anderen aufgezogen wurde.

Aber zurück zu dem Hüter und seinen Erlebnissen. Der Bursche war, wenn er nachmittags etwas Freizeit hatte, ja immer allein, und dabei fiel ihm nicht gerade jedesmal etwas Gescheites ein. Einer von seinen dümmsten Streichen war es wohl, daß er Harz an den Bäumen anzündete. Es gefiel ihm, wenn die Harztropfen verbrannten – bis dann beinahe einmal der ganze Baum und damit der Wald Feuer fing. Er hatte nochmals Glück, und es gelang ihm, das Feuer rechtzeitig zu löschen, doch von da an ließ er es bleiben.

Durch das Umherstreifen in Alm und Wald entdeckte er auch allerhand Tiere. Vor allem hatte er es oft mit Kreuzottern zu tun. Einmal fand er sogar zwei junge Füchse, der Jäger gab ihm dafür zwanzig Schilling, was für ihn ziemlich viel Geld war. Er hatte sich das allerdings recht schmerzhaft verdienen müssen, denn einer der jungen Räuber hatte ihm beinahe einen Finger auseinandergebissen. Wegen so etwas wurde allerdings damals nicht zum Arzt gegangen. Er mußte seine Arbeit machen, auch wenn der Finger sehr weh tat.

Als Hüter mußte er natürlich dem Altbauern bei jeder Arbeit helfen. Als dieser einmal etwas Heu bei den Bundesforsten kaufte, mußte der Hüter mitgehen und das Heu im Korb heimtragen. Angefüllt hat der Bauer den Korb allerdings selbst, da brauchte er nicht helfen. Als er den Korb aufheben und auf den Rücken schwingen wollte, schaffte er es jedoch nicht allein, obwohl er in dieser Beziehung sehr wohl geübt war.

Er wunderte sich sehr, denn Heu ist an sich doch nicht so schwer. Doch der Altbauer half ihm bereitwillig, den Korb aufzuheben. Der Bub konnte den Korb kaum tragen und schwankte damit hin und her. Nur mit äußerster Mühe brachte er ihn bis zur Hütte.

Als er über die Stiege in die Rauschn hinaufgehen wollte, gab es plötzlich einen lauten Krach, und der Korb brach unten durch. Der Altbauer hatte in der Jagdhütte einen großen Salzstein mitgehen lassen und unter dem Heu im Korb versteckt. Der Stein war so schwer, daß er im Tret dort liegen blieb, wo er hingefallen war. Da war dem Hüter schon klar, warum er den Korb kaum hatte tragen können.

Im Herbst hatte der Hüter dann auch ein kurioses Erlebnis. Eines Nachts hörte er unter seinem Bett immer etwas knarren, und auf dem Dach klapperte es. Erst hatte er Angst, doch dann beschloß er, der Sache auf den Grund zu gehen. Er setzte sich auf, und als es wieder zu knattern begann, faßte er zu und hielt fest, was sich da bewegte.

Da begann der Altbauer unter ihm zu schimpfen: „Hiaz hat si dös Glump scho wieda verhengt!" Jetzt wurde dem Buben klar, was er da hatte. Im Herbst kamen immer wieder die Hirsche in den Anger. Sie richteten allerhand Schaden an. Nicht nur, daß sie das hohe Gras fraßen, sie hinterließen auch überall ihre Losung, gruben mit den Geweihen den Boden auf und zertrampelten alles. Der Altbauer hatte sich im Tret eine Vorrichtung gemacht, mit der er auf das Hüttendach klopfen und die Hirsche verjagen konnte. Der Hüter traute sich nun nicht, die Stange wieder loszulassen, denn dann hätte der Altbauer gewußt, daß er sie festgehalten hatte, und er hätte sicher geschimpft.

Alles in allem zeigt dies, daß es keinesfalls langweilig war, Hüterbub zu sein. Man konnte dabei allerhand erleben.

Sommer auf dem Hof

Wenn das Vieh einmal „auflassn“ – auf die Alm gebracht – war, dann begann auf dem Hof bald die Erntearbeit. Vorerst gab es aber auch noch allerhand andere Arbeit.

Früher wurde zum Beispiel alles Getreide gejätet. Das war eine sehr langwierige Arbeit. Man brauchte bei größeren Bauern etwa drei volle Wochen, um den Weizen zu jäten. Es war auch eine „kreizweige“ Arbeit, weil man ja immer gebückt arbeiten mußte.

Außerdem war es dann oft schon sehr heiß. Früher war es ja undenkbar, daß man so freizügig angezogen war. Heute kann man öfters eine Bäuerin im Badeanzug bei der Feldarbeit sehen, das wäre früher unmöglich gewesen. Heute bemüht sich jeder, so braun wie möglich auszusehen, früher war genau das Gegenteil der Fall. Besonders „schöne“ Bauerntöchter waren sehr bemüht zu vermeiden, daß sie braun wurden. Braune Haut war ein Zeichen von Arbeit. Es galt als schön, wenn Frauen eine weiße Haut hatten. Daher wurde das Gesicht vor der Sonne geschützt, entweder durch ein Tuch oder einen Strohhut.

Da zog man schon eher sonst etwas aus. Bei einem Bauern zogen die Töchter immer ihre Kittel aus, wenn ihnen zu heiß wurde, und sie arbeiteten dann im Unterrock. Das löste freilich Gelächter und Spott der Nachbarn aus. Doch das kümmerte sie wenig. Schlampig, wie sie waren, ließen sie ihre Kittel auf dem Feld liegen, und wenn die Magd sie nicht heimbrachte, dann wußten sie später nicht mehr, wo sie geblieben waren.

Die Töchter von diesem Bauern waren überhaupt ein recht sonderbares Gespann. Es gab auch immer Gerede um sie. Sie waren besonders gerne schön und fühlten sich als etwas Besseres als die anderen. Sie zogen auch gerne „moderne" Kleider an, die für die damalige Zeit recht ausgefallen waren.

Einmal kauften sie sich auch so einen modernen Stoff, ließen sich die Kleider machen und zogen sie zum Kirchengehen an, um damit zu protzen. Sie erregten auch das erwartete Aufsehen damit. Doch zu ihrem Pech begann es auf dem Heimweg zu regnen, und da der Stoff von sehr schlechter Qualität war, gingen die Kleider beim Regen auseinander. Obwohl sie nicht einmal sehr weit zu gehen hatten, wurden die Kleider immer länger, und schließlich schleiften sie sie schon auf der Straße nach. Wer den Schaden hat, braucht bekanntlich für den Spott nicht zu sorgen, und so wurde noch lange in der Umgebung darüber gelacht.

Diese Bauerntöchter heirateten dann beide ortsfremde Männer. Der junge Bauer hatte seine liebe Not mit seinen Schwestern, denn sie ließen alles auf dem Hof mitgehen, was nicht niet- und nagelfest war.

Die größten Probleme aber hatte er mit sich selbst. Sein Vater hatte eine Nachbarstochter als junge Bäuerin ausgesucht, die er absolut nicht heiraten wollte. Sogar der Pfarrer redete ihm immer wieder ins Gewissen und wies ihn darauf hin, daß man den Eltern gehorchen muß, und so gab er schließlich doch dem Druck nach.

Am Hochzeitstag fand ihn die Magd weinend im Heustadel. Er wollte sich noch an diesem Tag weigern zu heiraten. Erst nach vielem Zureden gab er nach. Diese Verbindung war, wie zu erwarten, recht unglücklich. Sie dauerte auch nicht lange, denn bald darauf verunglückte der junge Bauer bei der Holzarbeit tödlich. Jahre später traf die Magd, die inzwischen selbst lange verheiratet war, den Altbauern auf dem Marktplatz, und da erzählte er ihr, wie sehr er bereute, daß er den Sohn zu dieser Heirat gezwungen hatte. Doch solche Dinge waren früher nicht selten. Bei diesem Bauern gab es keinen Knecht, da mußte die Magd auch bei der Holzarbeit mithelfen. Sie war allein mit dem Bauern, als das Unglück geschah.

Meine Mutter und mein Vater waren beide in ihrer Jugend Dienstboten bei verschiedenen Bauern. Sie kannten jede Bauernarbeit. In den zwanziger und dreißiger Jahren, als sie Dienstboten waren, gab es noch keinerlei Maschinen für die Ernte. Alles mußte mit der Hand getan werden. Da hieß es im Sommer schon um drei Uhr aufstehen und mähen gehen.

Jeder hatte seine eigene Sense. Die Männer hatten etwas schwerere, größere Sensen als die Frauen. Die Sensen wurden mit Fäusten gemessen. Es gab da etwa „siebenfäustige" oder „achtfäustige" Sensen. Wenn mit dem Mähen begonnen wurde, war es noch nicht richtig hell. Gerade so, daß man sehen konnte.

Heute werden mit dem Traktor große Flächen in kurzer Zeit niedergemäht. Die Erntezeit hat sich sehr verkürzt. Früher brauchte man mehrere Wochen, um das Heu einzubringen, obwohl viele Leute auf dem Hof waren. Ein Mahder konnte ja immer nur einen schmalen Streifen mähen, das ging sehr langsam.

Doch irgendwie war es schön, wenn mehrere Mahder nacheinander ihre scharfe Sense durch das taufeuchte Gras schwangen. Nicht umsonst haben sich um diese Arbeit eine Reihe netter Lieder entwickelt. Ein besonders schönes Beispiel ist folgendes Lied, das genau in dem Takt gesungen wird, in dem man die Sense durch das Gras schwingt:

I schwing hin, i schwing her,
Mei scharfe Sensn durchs Gras,
Halarieiha, holarieiha.

Jeder Halm, jedes Bleamal,
Is von Tautropfn naß,
Halarieiha, holarieiha.

Von Zeit zu Zeit blieben die Leute stehen, um ihre Sense zu wetzen. Zuerst wurde sie mit einem Grasbüschel abgewischt, dann nahm man den Wetzstein aus dem mit Wasser gefüllten „Seskumpf“ und fuhr damit schwungvoll über die Sense. Der Seskumpf ist ein Gefäß aus Holz oder Blech, das am Hosenbund oder dem Schürzenband eingehakt wurde. Es gibt einen eigenen, singenden Klang, wenn der Wetzstein über die Sense gezogen wird. Man konnte das weit hören, und man hörte auch sofort, wenn jemand nicht richtig wetzen konnte.

Ich hatte damit immer etwas Schwierigkeiten, denn ich war noch recht jung, als ich lernte, mit der Sense umzugehen. So richtig habe ich es erst im letzten Jahr, in dem wir noch auf dem Bergbauernhof waren, getan. Meine Brüder waren in diesem Sommer schon beide nicht mehr zu Hause, ich war damals gerade elf Jahre alt. Doch ich ging mit Begeisterung und mit Ehrgeiz mit meinem Vater mähen. So ganz klappte es jedoch nicht immer, und gewetzt hat mir meistens mein Vater.

Es war schwer, mit ihm halbwegs mitzukommen, und ich setzte meine ganze Kraft ein, weil ich nicht zurückbleiben wollte. Ich schaffte es allerdings nur vier oder fünf Tage. Dann wurde ich krank. Ich bekam ziemlich hohes Fieber und mußte immer wieder brechen. Ich hatte mich offensichtlich überanstrengt. Daß ich krank wurde, hatte meinen Eltern gerade noch gefehlt, wo sie jede Hand dringend brauchten. Nun mußte ich im Bett liegen und hörte nur zeitweise an den Geräuschen, daß meine Eltern zum Haus kamen.

Am liebsten hörte ich, wenn Vater die Sensen dengelte. Ich habe ihm dabei auch immer gerne zugeschaut. Er hatte seinen „Dengelstein“ in der „Knittelhütte“. Diese Knittelhütte hatte er selbst aus Baumrinden gebaut, wie er es von seinen Holzknechthütten gewohnt war. Die Knittelhütte hatte nur drei Wände und ein schräges Dach. Es war auch kein Boden drinnen, nur die bloße Erde, und selbst dieser Erdboden war bei weitem nicht eben, weil eben der Grund, auf dem die Hütte gebaut war, nicht eben war. In der Knittelhütte wurden nur die Knittel aufgeschichtet, also jenes Brennholz, das aus den dünnen Ästen gemacht wurde, die nicht gespalten werden mußten.

Der Dengelstein stand gerade soviel in der Hütte, daß man auch bei Regen nicht naß wurde, denn das Sensendengeln ist eine Arbeit, die auch bei Regenwetter getan werden kann. Es war einfach ein großer Stein, in dem oben ein viereckiges Eisen eingelassen war. Dieses Eisen hatte nur etwa fünf mal fünf Zentimeter. Außerdem brauchte man noch ein Gestell, auf das man den „Senswab", den Stiel, legen konnte. Der Stiel mußte vom Dengler wegstehen. Die Sense selbst wurde nun auf das Eisen gelegt und Stück für Stück gedengelt, indem man mit dem Dengelhammer mit federnden Schlägen auf die Schneide klopfte. So wurden alle Scharten wieder ausgeklopft, die man mit dem Wetzen nicht herausbringen konnte.

Das Dengeln kann man ebenfalls weit hören. Seltsamerweise ist der Klang des Dengelhammers für mich untrennbar damit verbunden, daß ich damals im Bett lag. Vielleicht liegt es daran, daß ich da nichts anderes zu tun hatte, als zuzuhören.

Nach zwei Tagen ging es mir schon wieder besser, wenn ich auch noch recht schwach war. Soviel ich mich erinnere, bin ich dann nur noch kürzere Zeit mit zum Mähen gegangen, doch bei den anderen Arbeiten war ich immer dabei. Es gab ja den ganzen Tag zu tun.

Nach dem Mähen mußte das Gras mit der Gabel angestreut werden; später, wenn der Boden trocken war, wurde das schon etwas dürre Heu vom Vortag angestreut. Dann mußte das „Grüne" „umkehrt" – mit dem Rechen umgedreht – werden. Später geschah dasselbe mit dem „Dürren". Am Nachmittag wurde dann das Dürre zusammengeheut und aufgeladen. Später mußte auch das Grüne in Riedeln zusammengeheut werden.

All diese Arbeiten werden heute mit Maschinen gemacht. Früher mußte alles mit der Hand gemacht werden.

Bei uns war das Heuaufladen immer etwas kompliziert. Die Felder waren ja so steil, daß die Jäger aus dem Tal immer behaupteten, bei uns müssen die Hühner Steigeisen tragen, und die Kartoffeln müßten beim Ansetzen angenagelt werden, damit sie nicht abkugeln. Wir waren die steilen Flächen gewohnt und wußten damit zu arbeiten und zu leben.

Das Fudertreten war wirklich schwierig. Ich mußte auf das Heufuder steigen und die Fuhren, die mein Vater mit der vierzackigen, hölzernen Heugabel hinaufreichte, mit dem Rechen abnehmen und festtreten. Ich traute mich kaum auf der Talseite des Fuders hin und her zu gehen, weil das Fuder dann immer gefährlich schwankte. Doch mein Vater hatte dafür wenig Verständnis. Wenn es ganz arg war, stieß er die Gabel in das Fuder und hielt damit dagegen.

Angst war etwas, was Vater wohl kaum kannte, und er ließ es auch bei anderen nicht gelten. Ich kann mir gar nicht vorstellen, daß mein Vater sich jemals vor etwas gefürchtet hat. Sein Leben als Holzknecht war hart und rauh. Da war kein Platz für solche Regungen. Der Krieg und die nachfolgende Gefangenschaft haben ein übriges getan.

Wenn das Fuder fertig war, dann kam der „Wiesbaum", ein dünner Baumstamm, drauf. Diesen Wiesbaum mußte der Fudertreter zuerst aufhalten, damit das vordere Seil darum herumgewickelt werden konnte. Dann mußte man den Wiesbaum niederdrücken. Das war gar nicht so einfach, denn der Wiesbaum war sehr schiefrig, und wenn der Aufleger ihn verdrehte, dann hatte man die Schiefer in den Händen. Am hinteren Ende wurde der Wiesbaum ebenfalls mit einem Seil festgebunden. Diese Seile mußten beim Fuderabladen genau nach einer bestimmten Regel zusammengelegt werden. Dann wurde das Fuder auch noch rundherum mit dem Rechen abgeheut, um beim Einfahren nichts zu verlieren.

Wenn man heute die Bauern mit ihrem Traktor und dem Heulader über die Felder fahren sieht, kann man sich gar nicht mehr vorstellen, wieviel Arbeit und Sorgfalt früher dazugehörte, bis ein solches Fuder fertig war. Die Fuder wurden mit einem Pferd, einem Ochsen oder einer Kuh zum Stadel gebracht.

In unserem Fall war es eine Kuh. Als ich halbwegs groß genug war, etwa ab acht, neun Jahren, wurde ich geschickt, die Kuh aus dem Stall zu holen und ihr das Joch anzulegen. Das war aber nicht so einfach, denn die Kuh war um vieles größer als ich. Ich konnte kaum mit den Armen um ihren Hals reichen, um ihr den „Fozring", eine Art Halfter, anzulegen. Ich mußte die Kuh dazu bringen, daß sie den Kopf herunterhielt, damit ich ihr das Joch anlegen konnte.

Ich stellte sie mir immer so hin, daß ich auf die Ablaufrinne des Brunnens steigen konnte, dann war ich etwas größer. Aber die Kuh blieb halt nicht immer ruhig stehen. Oft schüttelte sie den Kopf und warf das Joch wieder ab, ehe ich es hatte festmachen können. Besonders wenn ein Gewitter nahte und die Fliegen sehr lästig waren, dann war sie sehr unruhig. Dabei sollte ich gerade dann immer schnell wieder auf das Feld zurückkommen. Oft genug ist sie mir bei dieser Prozedur auf die Zehen gestiegen, und nur meine schweren, handgemachten Nagelschuhe verhinderten ärgere Verletzungen.

Es war mühsam, mit der Kuh die Heufuder den steilen Weg heraufzubringen, da mußten wir schon auch selbst zupacken und anschieben. An vielen Stellen mußte Vater von der Talseite her das Fuder mit der Heugabel halten, damit es nicht umfiel. Bei unserem Nachbarn hatten sie damals schon eine Seilwinde mit Benzinmotor. Später, als ich dreizehn oder vierzehn Jahre alt war, da wohnten wir schon im Tal. Da habe ich in den Ferien auch bei einem Bauern gearbeitet, der eine solche Winde hatte.

Man mußte das Drahtseil mit der Hand die Felder herunterziehen, bis zu den Heufudern. Je länger man es nachzog, desto schwerer wurde es. Aufwärts allerdings ging es ganz angenehm. Man mußte nur die „Anz" hochheben, das ist die Stange, in die das Zugtier eingespannt wurde. Man konnte sich beim Aufwärtsgehen sogar bequem gegen das Fuder lehnen. Allerdings mußte man sehr auf das Seil aufpassen, damit man nirgends eingeklemmt wurde, und man mußte auch den Wagen richtig lenken, damit er nicht umfiel. Ich habe das eigentlich immer gern getan, und ich war stolz, daß mir der Bauer das zutraute.

Die Heufuder mußten dann im Stadel wieder mit der Gabel abgeladen werden. Auch mußte das Heu im Stadel verteilt werden. Das war besonders dann, wenn der Stadel schon ziemlich voll war, eine harte und sehr heiße Arbeit. Aber es gab damals noch kein Gebläse oder Ähnliches. Es gab aber auch keine „Heupumpen", etwa eine elektrisch betriebene Belüftung, mit denen das Heu nachgetrocknet werden konnte.

Da mußte man sehr darauf achten, daß alles gut trocken war, weil sonst die Brandgefahr zu groß war. Es kommt ja auch heute immer wieder vor, daß sich Heu selbst entzündet, obwohl man Sonden zur Temperaturmessung zur Verfügung hat. Früher gab es auch das nicht, da mußte man sich nach dem Geruch und nach dem Gefühl richten. Aber die Leute waren noch viel tiefer verbunden mit der Natur und hatten viel eher ein Gefühl für viele Dinge.

Wir mußten einmal einen großen Teil des Heues wieder ausräumen, weil Vater gemerkt hatte, daß etwas nicht stimmte. Er hatte nur zu recht: Weit unten im Heu war ein Stein, und rund um den Stein war schon ein großes Loch. Sicher wäre sehr schnell Feuer ausgebrochen, wenn Vater es nicht rechtzeitig bemerkt hätte.

Überhaupt war früher die Bindung und damit auch die Abhängigkeit von der Natur viel größer als heute. Wenn früher gemäht werden sollte, konnte sich der Bauer nicht nach dem Wetterbericht richten, weil er kein Radio hatte. Er hatte da andere Methoden. Da war etwa ein dürrer Ast an die Stall- oder Scheunentür genagelt; an der Haltung der Zweige konnte man erkennen, wie das Wetter werden würde; oder auch an der Temperatur des Wassers im

Brunnen. Wenn bei Schönwetter das Wasser plötzlich sehr warm wurde, dann wußte man, daß es nicht so bleiben würde. Es gab meistens auch irgendwo einen Stein, der durch wechselnde Feuchtigkeit das Wetter anzeigte.

In unserer Gegend war ein Zeichen der Schwarzerberg. Es hieß: „Hat der Schwarzerberg an Huat, tuat s'Wetta guat." Oder: „Hat der Schwarzerberg a Kappm, macht s'Wetta an Lappn." (War eine Wolke über dem Schwarzerberg, so war das ein gutes Zeichen, war aber der Gipfel in einer Wolke, dann sah es nicht gut aus.) Hier in Kuchl gibt es einen ähnlichen Spruch für den Hohe Göll: „Hat der Göll an Huat, tuat s'Wetter guat, hat der Göll an Sabi (Säbel), wird s'Wetter misrabel."

Früher gehörte es zur täglichen Beschäftigung des Bauern, daß er abends nach dem Wetter schauen ging. Erst nachdem er genau das „Wetterloch" begutachtet hatte, wurde entschieden, ob am Morgen gemäht werden konnte. Es gab überhaupt viele Dinge in der Natur, die beachtet wurden. Eines davon war der Mond. Gewisse Dinge wurden bei „abwachsendem" andere bei „aufwachsendem" Mond getan. Man glaubte sogar, der Mond hätte darauf Einfluß, wie man in diesem Winter mit dem Heu auskam.

Es heißt „liachte Weihnachten, finstere Heustadl" oder „finstere Weihnachten, liachte Heustadl". Wenn also zu Weihnachten der Mond stark war, dann sollten nach diesem Spruch die Heustadel „finster" sein, es sollte also noch genug Heu da sein. Wenn hingegen um Weihnachten herum Neumond war, dann sollten die Heustadel „hell", also schon recht leer sein. Wahrscheinlich hing das damit zusammen, wie schnell es Frühling werden würde und man schon Gras mähen konnte. Im Winter mußte das Heu ja genau eingeteilt werden.

Wir hatten in der Scheunenwand Einkerbungen für jeden Monat. Bis hierher und nicht weiter durfte verbraucht werden. Der Heustock wurde mit einem großen Heumesser abgeschnitten. Dieses Messer war mehr als einen Meter lang, hatte zwei Griffe und einen gewellten Schliff. Das geschnittene Heu mußte dann vom Heustock heruntergeworfen und mit einer Gabel „baßt“, aufgeschüttelt, werden. Teilweise wurde es auch mit dem „Heuraffel“ aus dem Heustock herausgehakelt. Der Heuraffel ist eine Stange, mit einem großen, eisernen Widerhaken.

In meiner Kindheit ist in Abtenau einmal ein schreckliches Unglück mit einem Heuraffel passiert. Eine junge Magd ist von einem Heustock heruntergerutscht und hat sich den dort aufgestellten Heuraffel mit den Widerhaken in ihren Unterleib gestoßen. Sie wurde zwar noch nach Salzburg ins Krankenhaus gefahren, konnte aber nicht mehr gerettet werden.

Wenn eine Sennerin auf dem Hof war, dann war das Heu-Herrichten ihre Arbeit.

Früher, in den alten Ställen, waren die Futterbarren an der Wand. In den neuen Ställen sind ja die Barren frei, und man kann das Futter von der Vorderseite her mit der Gabel einstreuen. Früher mußte man für jedes Stück Vieh Buschen machen und diese dann im Futtertrog wieder aufschütteln.

Meistens wurde mit dem Heu sparsam umgegangen und es mußte genau eingeteilt werden. Die „Habling“ (Heublumen) und der feine Mist vom Heu wurden zusammengekehrt, mit etwas Futtermehl oder Kleie vermischt und mit heißem Wasser abgebrüht. Dieses „G’sott“ wurde dann gefüttert. Es gab ja kein Kraftfutter oder Ähnliches.

Heute sind viele Flächen, die mit Maschinen nicht bearbeitet werden können, aufgeforstet. Auch der Bergbauernhof, auf dem ich meine Kindheit verbracht habe, ist inzwischen zum Wald geworden. Früher wurde jeder Rain, jedes Stückchen gemäht, auch wenn man das Heu mit dem Korb heraustragen mußte. Man war auf jedes Büschel Heu angewiesen.

Flachs – Haar

Meine Mutter war am längsten, nämlich sechs Jahre lang, Magd bei einem ziemlich großen Almbauern, der gut zwei Gehstunden vom Markt Abtenau entfernt war. Bei dem Bauern gab es sechs Kinder, von denen einige geboren wurden, während meine Mutter dort war. So ergab es sich, daß sie viel mit den Kindern zu tun hatte. Für sie wirkte sich das zum Vorteil aus, weil sie dadurch bei der Bäuerin sehr geschätzt wurde. Die Kinder von damals haben heute längst selbst erwachsene Kinder und auch Enkel.

Sennerin war die Schwester des Bauern. Sie war damals noch nicht verheiratet, doch sie ging mit einem Bauernsohn, der Holzknecht war. Die beiden gingen zwölf Jahre miteinander, ehe sie heirateten. Sie bauten sich ein Häuschen aus einem Getreidekasten, den der Mann geerbt hatte.

Als meine Mutter bei diesem Bauern war, das war in der ersten Hälfte der dreißiger Jahre, wurde noch viel angebaut. Neben Korn, Weizen, Gerste, Hafer, Bohnen und Erbsen wurde auch noch Flachs gebaut. Der Flachs oder Haar, wie er früher genannt wurde, brauchte viel Arbeit und Sorgfalt.

Wenn die Pflanzen etwa fünfzehn bis zwanzig Zentimeter lang war, mußte gejätet werden. Das war eine sehr langwierige Arbeit. Wenn der Flachs geerntet wurde, mußte jede Pflanze einzeln mit der Hand ausgezogen werden. Die Pflanzen wurden in der Hand zu gleichmäßigen Büscherln zusammengelegt. Dabei achtete man genau darauf, daß die Wurzeln unten und die „Pollen“

oben waren. Dann wurden die Büscherln auf Hiefler gelegt.

Hiefler sind Stecken mit vielen Zacken, die man zum Heu- oder Getreidemandl-Machen braucht. Für den Flachs suchte man niedrige Hiefler mit möglichst vielen Zacken aus. Die Büscherln wurden schön gleich auf diese Hiefler gelegt. Obendrauf kam eine Krone. Dazu wurde ein Büscherl mit einer Pflanze zusammengebunden und dann mit den Wurzeln nach unten auf die Spitze des Hieflers gesteckt. Die Wurzeln wurden rundum gelegt, sodaß das ganze wie ein kleines Dach auf dem Hiefler saß. Es wurden nicht viele Hiefler gebraucht, etwa acht bis zehn Stück.

Die Hiefler ließ man nun etwa zwei Wochen so stehen. Dann wurden die Büscherln wieder vom Hiefler genommen und der Reihe nach auf den Boden gelegt. Dabei achtete man wieder darauf, daß die Wurzeln alle in der gleichen Richtung lagen. Die Büscherln blieben dort eine Woche oder auch mehr liegen. Dann wurden sie in die Scheune gebracht. Auch hier war es wichtig, daß die Wurzeln alle auf die gleiche Seite kamen. Dort blieb der Haar liegen, bis die ärgste Arbeit auf dem Hof vorbei war.

Etwa im Oktober ging es dann ans „Brecheln“. Dazu hatte man ein mit Steinen ausgelegtes „Brechelloch“. In diesem Loch wurde Feuer angemacht, dann ein Törl (Zauntor) draufgelegt. Darauf kam nun der Flachs. Wenn die Leute nicht vorsichtig genug waren, konnte es passieren, daß der Flachs Feuer fing. Dann mußte man sofort alles herunterreißen und das Feuer abtöten, um den Schaden möglichst gering zu halten. Da gab es natürlich vom Bauern Krach, wenn er es merkte.

Der Brechel war ein Holzgestell mit vier Füßen, den Oberteil konnte man auf und ab bewegen. Der Flachs wurde nun büschelweise durchgeschoben und mit dem Oberteil tüchtig durchgeklopft. Dabei lösten sich die steifen „Gräten“ und fielen unten durch. Wenn bei dieser Arbeit jemand vorbeikam, dann wurde ihm eine Handvoll von diesem „Grätenwoaz“ hingeworfen. Der Betreffende mußte dann den Leuten einen Schnaps zahlen. Die jetzt weichen Flachsbuschen wurden um den Arm gewickelt, zusammengesteckt und in einen Korb gelegt.

Jetzt mußte der Haar noch gehachelt werden. Das „Hachelbrett“ hatte in der Mitte eine runde Fläche mit Nägeln beziehungsweise Eisenstiften. Durch diese Stifte wurden die Haarbüschel immer wieder durchgezogen. Dabei wurde das Grobe vom Feinen getrennt. Das Feine heißt dann Haar, das Grobe „Wera“. Wenn jemand grobes, struppiges Kopfhaar hatte, sagte man auch: „Der hat ein Haar wie Wera.“ Aus dem Wera wurde das Garn für Rupfen gesponnen und aus dem Haar das für das Leinen.

Dazu hatte man ein eigenes Spinnrad. Im Winter waren dann mehrere Spinnweiber mit dem Spinnen beschäftigt. Auch die Sennerin saß am Nachmittag am Spinnrad. Am Vormittag hatte sie ja im Stall zu tun. Der gesponnene Haar kam dann ins Wasser. Anschließend wurde er „zamlassen“. Das heißt, zwei Fäden mußten zu einem zusammengedreht werden. Dazu hatte man ein größeres Spinnrad. Beim Zamlassen mußte das Spinnrad verkehrt gedreht werden.

Das fertige Garn wurde dann auf „Stren“ abgewickelt. Dazu hatte man eine Haspel. Das war ein Holzgestell, das mit einer Kurbel betrieben wurde. Man mußte sie dann erst auf ein Knäuel abwickeln, ehe man mit dem Stricken beginnen konnte.

Die fertigen „Haarstren“ kamen dann in einen Kessel mit Aschenlauge und wurden dort gekocht. Dann mußten sie beim Bach gewaschen werden, sie wurden dorthin in einem Korb getragen. Das „Strenwaschen“ war für die Frauen eine schwere und besonders kalte Arbeit.

Jetzt konnte der Weber auf Stör[1]) ins Haus kommen und sowohl den Rupfen als auch das Leinen weben. Das

---

1 Arbeit des Handwerkers, zum Beispiel eines Schneiders, im Haus des Kunden.

Tuch wurde im Frühjahr auf der Wiese ausgebreitet. Es blieb dort etwa zwei Wochen liegen und wurde bei Schönwetter immer wieder begossen.

Übrigens waren die Flachssamen, die sich in der neuen Biowelle wieder größter Beliebtheit erfreuen, auch früher schon ein geschätztes Heilmittel. Das „Linsat", so wurden die Leinsamen genannt, wurde gern als Medizin für das Vieh gebraucht. Es wurde zum Beispiel Kühen eingegeben, wenn sie schwer kalben konnten.

Heute wird in dieser Gegend kaum noch etwas angebaut. Es rentiert sich nicht mehr. Der arbeitsaufwendige Flachs wurde schon seit dem Krieg nicht mehr angebaut. So kennen nur noch alte Leute die Arbeit und die Geräte, die man dazu brauchte.

Menschliches oder Unmenschliches

Die Dinge, die ich in diesem Kapitel berichten möchte, sind mir genauso erzählt worden, wie ich sie wiedergebe. Ich übertreibe absolut nicht, das wäre völlig fehl am Platz, denn die Ereignisse sind hart und traurig genug. Wenn man das alles so betrachtet, dann kommt man doch zu dem Schluß, daß die Menschen etwas humaner geworden sind in den letzten Jahrzehnten. Jedenfalls sind die Unterschiede zwischen den verschiedenen Schichten nicht mehr so groß. Am schlimmsten betroffen vom sozialen Unrecht waren Behinderte, alte Menschen und Kinder.

Als ich noch ziemlich klein war, war bei uns auf dem kleinen Bergbauernhof eine Zeitlang eine schon ältere Frau zur Hilfe. Diese Frau war etwas behindert. Sie arbeitete zwar ganz brav, doch man mußte sie immer beaufsichtigen. Wenn sie weiter vom Haus etwas zu tun hatte, wo sie das Haus nicht mehr sah, dann konnte es vorkommen, daß sie eine Weile brauchte, ehe sie wieder zurückfand.

Jedenfalls war sie damals nicht mehr fähig, eine Magd abzugeben. Sie hatte im Armenhaus gelebt. Obwohl sie es bei uns sicher nicht besonders gut hatte, wollte sie nicht mehr dorthin zurück. Sie behauptete immer, so gut sei es ihr das ganze Leben nie gegangen. Als sie dann wieder zurückmußte, kam sie eines Tages wieder. Sie kam in die Stube und sagte zu meiner Mutter: „Hiaz bin i da, aber gehn tua i nimma.“ Meine Mutter konnte sie jedoch nicht behalten, und so mußte sie doch wieder zurück.

Diese Frau hatte in ihrem ganzen Leben bei Bauern gearbeitet. Es war für sie aber nie eine Versicherung einbezahlt worden, und dashalb bekam sie keine Rente. Das war ja schon nach dem Krieg, wo es so etwas schon gegeben hätte. Sie hatte also keinen Groschen Geld und war nur auf das angewiesen, was sie bei den Schwestern im Armenhaus bekam. Sie hatte nämlich auch ihr ganzes Leben lang keinen Lohn bekommen, sodaß sie sich etwas hätte sparen können.

Bei einem Bauern, der noch dazu als sehr religiös galt, war sie dreißig Jahre im Dienst gewesen, und in diesen dreißig Jahren hatte sie niemals einen Lohn bekommen. Als sie nicht mehr recht arbeiten konnte, blieb ihr nur noch das Armenhaus.

Ich erinnere mich noch gut an dieses Armenhaus, wenn es auch damals schon eher ein Altersheim war. Der Name Armenhaus blieb jedoch, besonders bei den älteren Leuten, immer noch zurück. Später wurde dieses Haus dann abgerissen, weil ein neues, modernes Altersheim errichtet wurde.

Bis in die dreißiger Jahre gab es ja noch die Einleger, die von Bauer zu Bauer ziehen mußten und dort, je nach Größe des Hofes, einige Tage bleiben durften. Meine Mutter erinnert sich noch gut an diese Einleger. Als sie Magd war, hatten sie öfters Einleger auf dem Hof.

Die letzten Einleger waren eine gewisse „Abathei" – wahrscheinlich Agathe – und ein gewisser „Miaschte" – wahrscheinlich Martin. Der Mann trug sein ganzes Hab und Gut in einem Korb mit sich. Obenauf hatte er einen alten Mantel gebunden. So zog er von Bauer zu Bauer. Oft wurden die Einleger von den Kindern geneckt und verspottet, und auch bei vielen Bauern hatten sie nichts Gutes zu erwarten.

Angesichts dessen müssen wohl selbst unverbesserliche Pessimisten zugeben, daß sich die sozialen Verhältnisse alter Menschen in den letzten fünfzig Jahren doch sehr verbessert haben.

Kinder mußten früher oft schon in ganz jungen Jahren schwere Arbeiten verrichten. Bei den Bauernkindern war es ja meistens nicht so schlimm, aber Annehmkinder, die bei verschiedenen Bauern aufwuchsen, wurden sehr hart hergenommen. Mit dreizehn, vierzehn Jahren mußten sie schon die Arbeit eines Erwachsenen verrichten. Das traf auf Buben und auf Mädchen zu.

Als meine Mutter vierzehn Jahre alt war, mußte sie im Winter jeden Tag um fünf Uhr aufstehen und eine Stunde in einen Graben hinuntergehen, wo sie mit dem Schwiegervater ihrer älteren Schwester Holz fahren mußte.

Dieser Bauer hatte zwei Pferde, aber keinen Knecht, so mußte eben das Mädchen die Arbeit des Knechtes übernehmen. Sie war natürlich viel zu klein und auch zu schwach, um die Holzfuhre mit den „Tatz" – zwei Stangen mit Eisenkrallen zum Lenken und Bremsen der Fuhre – zu bremsen, so wie es sein sollte. Deshalb band der Bauer die Tatz einfach fest. Aber nicht zu fest, denn sonst hätte das Pferd die Fuhre auf den flacheren Stellen nicht ziehen können.

Meine Mutter hatte nur kaputte Schuhe, und da es sehr kalt war, erfror sie sich an beiden Füßen die Zehen. Deshalb durfte sie jedoch mit dieser Arbeit nicht aufhören. Sie mußte Männerschuhe anziehen, die natürlich auch mit Socken noch viel zu groß waren, und so mußte sie weiterhin Holz fahren.

Eine Nachbarin erzählte mir, daß auch sie als Magd einen Winter lang Holz fahren mußte, obwohl das auch damals an sich eine reine Männerarbeit war. Doch auch dieser Bauer hatte keinen Knecht, aber zwei Pferde. Kalt, so sagte mir die Frau, sei ihr allerdings nur selten gewesen, denn beim Bergaufgehen sei ihr so heiß geworden und bei der Abfahrt hätte sie solche Angst gehabt, daß ihr der Schweiß heruntergeronnen wäre.

Meine Mutter war einige Zeit bei ihrer älteren, schon verheirateten Schwester. In dieser Zeit mußte sie sehr viel von der Schule daheimbleiben, weil sie zur Arbeit gebraucht wurde. Es gab dadurch öfters Schwierigkeiten, und ihr Schwager mußte mehrmals zum Lehrer kommen. Doch das half nicht viel. Als der Lehrer einmal mit Konsequenzen drohte, sagte der Schwager nur: „I brauch's Diandl. Von mia aus tuats, was gern tuats mit mir, nur aufhänga deafts mi net, weil i am Hals recht kitzlig bin." – Er nahm die Sache nicht besonders ernst.

Auch in den fünfziger Jahren, als ich zur Schule ging, kam es noch sehr häufig vor, daß Kinder zu Hause bleiben mußten. Als ich kürzlich mit meinem ehemaligen Lehrer sprach, erzählte er mir, daß Ende der fünfziger Jahre immer noch bei manchen die Ansicht bestand, daß der Lehrer das zu akzeptieren hätte. Ein Bauer kam mit einem Stück Butter und hoffte, der Lehrer würde dadurch entschuldigen, wenn sein Annehmbub öfters fehlte. Doch bei diesem Lehrer kam er damit an den Falschen.

Leute, die krank waren oder an einem Gebrechen litten, hatten früher nichts zu lachen. Daß die Religiosität der Umwelt die Umstände des Betroffenen keinesfalls verbesserte, zeigen folgende Beispiele.

Bei einem Bauern war es üblich, daß man beim Rosenkranz-Beten im Sommer im Freien spazierenging. Der Altbauer, der blind war, ging ebenfalls mit. Eines Tages war er plötzlich verschwunden, ohne daß jemand bemerkt hatte, wo er hingekommen war. Die anderen gingen ganz einfach weiter und kümmerten sich nicht weiter um ihn. Nur die Ziehtochter wagte es, während des Rosenkranzes davonzugehen und ihn zu suchen. Sie fand ihn schließlich im Bach liegend. Er hatte bei der Brücke den Weg verfehlt und war in den Bach gefallen.

Es gab zwar ein gern gebrauchtes Sprichwort, das lautete: „Jeder muaß sei eigene Haut zum Lederer tragen." Man meinte damit, jeder sei für seine eigene Handlungsweise verantwortlich und müsse dafür einstehen. Doch es gab immer schon Leute, die glaubten, sich auch um die Verhältnisse anderer kümmern zu müssen. Besonders dann, wenn jemand wagte, anders als die meisten anderen zu leben.

Es gab da einen Mann, der immer Lumpen gesammelt hat. Ich habe noch oft von ihm gehört, obwohl er damals schon nicht mehr lebte. Man nannte ihn den „Flanken-Jonas". Wenn jemand recht zerrissen daherkam, dann hieß es immer: „Sei froh, daß der Flanken-Jonas nimmer lebt, der würde dich mitnehmen!"

Das Außergewöhnliche an dem Mann war aber nicht seine Beschäftigung, sondern seine Lebensweise. Er lebte nämlich mit einer Frau zusammen, mit der er nicht verheiratet war. Das war natürlich damals ganz unüblich. Manche Leute regten sich furchtbar darüber auf und beklagten sich auch beim Pfarrer. Das Paar kümmerte sich aber kaum darum. Allerdings, als der Mann krank wurde, wurde die Sache kritisch.

Der Priester weigerte sich, ihm die Letzte Ölung zu geben, die Beichte abzunehmen und die Kommunion zu erteilen, solange die Frau im Haus war. Er drohte mit Hölle und Fegefeuer und jagte den beiden Angst ein. Es kam schließlich soweit, daß die Frau, die den Kranken anständig gepflegt hatte, aus dem Haus mußte. Der Mann blieb zwar mit der Letzten Ölung versehen, aber sonst ohne Hilfe zurück.

Jene Leute, die sich befugt gefühlt hatten, sich um seine „gefährdete Seele" zu kümmern, fühlten sich nicht verpflichtet, sich auch um seine leiblichen Bedürfnisse zu kümmern.

Ein besonders schweres Los hatten unverheiratete Frauen, die ein Kind erwarteten, zu tragen. Abgesehen von der Schande, die auf sie fiel, hatten sie keinerlei Hilfe. Sie mußten alles allein tragen. Die Männer spürten kaum etwas davon. Dabei kamen solche Mägde sehr oft durch Umstände in diese Situation, für die sie nichts konnten und gegen die sie auch machtlos waren.

Eine Frau erzählte mir ein Erlebnis, das wohl vielen jungen Mädchen damals passierte. Allerdings ging es nicht immer so gut aus wie bei ihr. Sie kam als Fünfzehnjährige zu einem Bauern, bei dem eine schon ältere Frau für die Stallarbeit zuständig war. Die Frau war schon über sechzig, und das Mädchen mußte unter anderem dieser Frau im Stall helfen. Das war alles schön und gut, und die beiden kamen auch gut miteinander aus.

Abends jedoch mußte das Mädchen allein noch einmal in den Stall gehen und beim Vieh nachschauen. Dieser Bauernhof war nahe einer Straße, und es kam manchmal vor, daß sich ein Betrunkener ins Stroh legte, und dort seinen Rausch ausschlief. Deshalb schickte der Bauer den Knecht mit dem Mädchen in den Stall.

Der Knecht war ein paar Jahre älter als das Mädchen. Er war allerdings alles eher als ein Schutz. Fast täglich belästigte er das Mädchen im Stall und versuchte, sie zu überwältigen. Sie war ja ganz allein mit ihm und konnte sich kaum gegen ihn wehren. Natürlich war sie nicht so stark wie der Mann und – wie es damals üblich war – hatte sie auch keine Hose an. Oft kämpfte sie mit dem Knecht, daß ihr der Schweiß in Strömen über das Gesicht rann.

Sie traute sich aber den Bauersleuten nichts zu sagen. Auch nachts in der Kammer hatte sie keine Ruhe, denn die Kammertür war nicht abzusperren. Da ging sie auf den Dachboden und suchte sich etwas, womit sie die Kammertür verriegeln konnte. Doch im Stall konnte sie sich nicht helfen.

Eines Tages ging sie doch weinend zur Bäuerin. Die Bäuerin war eine vernünftige Frau und sagte alles dem Bauern. Dieser machte dem Knecht einen anständigen Krach. Der Knecht hatte natürlich jetzt eine Wut auf das Mädchen, und er ärgerte sie, wo er nur konnte. Er war ein Bauernsohn aus derselben Gegend. Als das Mädchen sich auf der Straße einmal mit seinem Bruder unterhielt, ärgerte ihn das sehr. Er ging schließlich zu seiner Mutter und schwärzte das Mädchen dort an. Seine Mutter wiederum ging zum Bauern und schimpfte über das Mädchen und gab allein ihr die Schuld. Doch in diesem Fall halfen glücklicherweise die Bauern der jungen Magd.

Das war allerdings beileibe nicht selbstverständlich. Es konnte einer Magd auch passieren, daß es hieß, sie sei selbst schuld. Es kam ja oft vor, daß eine Magd unter den Nachstellungen eines Knechtes zu leiden hatte. Manchmal belästigte sogar der Bauer selbst seine Magd. Zu wem sollte sie in einem solchen Fall gehen?

Da mir solche Dinge von mehreren Frauen erzählt wurden, sprach ich auch Männer auf dieses heikle Thema an. Doch auch diese bestätigten mir, daß es so war und daß so manche Magd wirklich nichts zu lachen hatte. Wenn dann eine Frau schwanger war, dann wurde sie machmal so eingeschüchtert, daß sie es nicht wagte, den Kindesvater anzugeben.

Zwei Männer erzählten mir von einem solchen Fall, der in ihrer Umgebung passiert war. Bei einem Bauern wurde die Magd immer stärker. Wenn man sie darauf ansprach, ob sie ein Kind erwarte, dann sagte sie immer: „I werd grad so dick, weils mir bei euch so guat geht." Bis zum letzten Tag stritt sie es ab. Eines Tages ging sie dann hinauf in ihre Kammer und kam nicht mehr herunter. Als jemand nachschauen ging, war die Geburt schon im Gange. Nun konnte sie es freilich nicht mehr verheimlichen.

Wer der Vater war, sagte sie allerdings nie. Er hatte ihr gedroht, wenn sie es sagte, dann würde er sich sofort auf dem nächsten Baum aufhängen. Für das Kind bezahlt hat er demnach ebenfalls nichts. Die Frau mußte eben sehen, wie sie allein zurechtkam. Die üble Nachrede blieb ebenfalls an ihr hängen, obwohl niemand wußte, wie sie zu diesem Kind gekommen war – oder vielleicht gerade deshalb. Das Kind konnte sie natürlich nicht behalten, sie mußte es als Annehmkind weggeben.

Wie wenig solchen Frauen sonst geholfen wurde, zeigt folgendes Beispiel, das ich bei einem Gespräch von alten Leuten hörte, die sich, durch meine neugierigen Fragen angeregt, über frühere Zeiten unterhielten.

Bei einem Bauern bekam eine Magd ein Kind. Zur selben Zeit war im Stall eine Kuh zum Kalben. Da es bei der Kuh sehr schwer war, waren alle Leute im Stall und kümmerten sich um die Kuh. Es mußte ein „Gwag" (ein Hebel, um beim Ziehen mehr Kraft zu haben) hergerichtet werden zum Ziehen, und alle waren damit beschäftigt. Die Magd war die meiste Zeit ganz allein in ihrer Kammer. Doch die Kuh und das Kalb waren wichtiger, denn das waren ja Werte. Was war schon ein lediges Kind! Wenn es bei der Geburt starb, dann war das nicht so schlimm. Das klingt sicher sehr roh, wenn man das so liest. Aber das waren Tatsachen, Dinge, die sich wirklich zugetragen haben.

Das war eine Seite der „guten alten Zeit“, die nur allzuleicht übersehen wird, wenn man mit unserer Zeit nicht einverstanden ist. Von älteren Leuten hört man oft, wenn sie etwas ärgert: „Das hätte es früher nicht gegeben!“ Dabei vergessen sie oft, daß es früher viel Schlimmeres gegeben hat.

Meistens traf es früher die Armen. Doch es kam schon auch vor, daß eine Bauerntochter in eine böse Situation geriet, besonders wenn sie sich mit einem armen Knecht eingelassen hatte. Manche Bauern waren so stolz, daß sie das als größte Schande ansahen. Die Mädchen hatten dann nichts zu lachen. Sie durften nicht mehr aus dem Haus gehen, nur damit es möglichst wenig bekannt wurde. Nicht selten starben solche Kinder bei der Geburt, was nicht immer hätte sein müssen.

Bei einem Bauern bekam die Tochter Zwillinge. Es wurde keine Hebamme geholt, damit ja nichts aufkam. Doch dann gab es Komplikationen, und es wurde doch eine Nachbarin geholt. Als diese Bäuerin sah, was hier vor sich ging, war sie furchtbar entsetzt. Auf den Neugeborenen lag ein dicker Polster, und sie waren schon tot. Angeblich waren sie bei der Geburt gestorben.

Der Mutter ging es sehr schlecht. Die Bäuerin bestand darauf, daß sofort die Hebamme und der Arzt geholt wurden, da Lebensgefahr für die Mutter bestand. Schließlich wurde dann doch der Doktor geholt, doch da war schon alles vorbei. Beinahe wäre die junge Frau gestorben, nur weil der Vater der Kinder arm war und weil nichts aufkommen durfte, wegen der Schande.

Als meine Mutter meinen ältesten Bruder geboren hatte, durfte sie ihn ohnehin nur für ein paar Tage bei sich behalten. Es war sehr kalt, und so wollte sie für die paar Tage bei einer Bäuerin aus der Nachbarschaft einen

Kinderwagen ausleihen, der dort nicht gebraucht wurde. Die Bäuerin aber sagte: „A so a Bettelbub kommt mir in mein Kinderwagen nicht eini!“ Solche Äußerungen sagen wohl alles über die Einstellung mancher Bauern aus. Dazu erübrigt sich jeder Kommentar.

Früher war es üblich, daß ein Kind schon am zweiten Tag nach der Geburt getauft wurde. Das war, gerade im Winter, nicht so einfach, denn man mußte das Kind ja oft zwei oder sogar drei Stunden zur Kirche und dann wieder zurück tragen. Mein Großvater hat meinen Onkel in einem großen Buckelkorb zur Taufe getragen. Der Korb war mit Decken und Polstern angefüllt, damit das Neugeborene nicht erfriere.

Aus dem Grund, weil die Kinder früher weit getragen werden mußten, gab es außer der Taufpatin auch noch eine Tauftragerin. Es war eine Ehre, wenn jemand als Tauftragerin genommen wurde. Wenn der Weg besonders weit war, konnte es sein, daß jemand der Tauftragerin beim Tragen helfen mußte, damit sie abwechseln konnten.

Meine Mutter mußte einmal als Tauftragerin helfen. Besser gesagt, sie mußte das Kind bis zum Markt tragen und dann wieder zurück. Nur im Markt trug die Bauerntochter das Kind selbst. Nach der Taufe gingen alle ins Gasthaus zum Taufessen, denn es war ja ein Bauernkind. Die Tauftragerin wurde natürlich zu diesem Essen eingeladen. Doch meine Mutter mußte nebenbeisitzen und zuschauen. Sie bekam nichts.

Früher durften Wöchnerinnen nicht aus dem Haus gehen, ehe sie wieder das erstemal in die Kirche gehen konnten. Eine Wöchnerin durfte keinen grünen Fleck betreten, denn, so glaubte man, sonst könnte sie vom Blitz getroffen werden. Wenn sie zum erstenmal wieder in die Kirche ging, dann mußte sie „Vürasegna“ gehen. Sie mußte in der Kirche mit einer Kerze zum Altar gehen und sich dort vom Pfarrer segnen lassen. Dafür mußte sie dem Pfarrer natürlich ein Trinkgeld geben.

Früher sind bekanntlich viele Kinder bei der Geburt oder kurz danach gestorben. Durch den medizinischen Fortschritt wird heute die Schwangerschaft und auch die Geburt mit den verschiedensten technischen Mitteln überwacht. Nur noch selten stirbt ein Kind bei der Geburt. Und doch erhebt sich irgendwie die Frage, ob das wirklich menschlicher oder vielleicht doch schon wieder unmenschlicher ist.

Auch was die Schule betrifft, so können sich junge Leute von heute auch in ihrer kühnsten Phantasie nicht vorstellen, wie es war, als so um den Ersten Weltkrieg herum ihre Großeltern zur Schule gingen. Meine Mutter kam 1916 zur Schule. Sie besuchte die Schule Radochsberg, eine der Außenschulen in Abtenau. Es war eine einklassige Schule. In der Klasse waren hundert Kinder, die in sechs Abteilungen unterrichtet wurden. Die Lehrer hatten in solchen Klassen gewaltige Leistungen zu erbringen.

Doch es war auch in den Städten nicht viel anders. Ein Mann, der etwa im Alter meiner Mutter ist, erzählte mir, er sei in Hallein zur Schule gegangen. Auch da waren neunzig Schüler in der Klasse. Und doch hat es der Lehrer geschafft, den Kindern ein recht gutes Maß an Bildung beizubringen. Allerdings schafften es nur die guten Schüler, wirklich etwas zu lernen, denn der Lehrer hatte mit neunzig oder hundert Schülern nicht die Möglichkeit, sich um jeden einzelnen zu kümmern.

In der Schule in Radochsberg gab es kein Wasser. Es war zwar ein Brunnen vor dem Haus, doch das Wasser rann so dünn wie eine Stricknadel, und dieses Wasser brauchte die Lehrerfamilie. Die Kinder durften dort nicht trinken. Für die hundert Kinder gab es einen Wasserkrug, mit dem jeweils ein Kind in der Pause zwanzig Minuten laufen mußte, um Wasser von einer Quelle zu holen. Wieviel Wasser dann jedes von den hundert Kindern bekam, läßt sich unschwer ausrechnen.

Heute, in der Zeit der umfassenden medizinischen Versorgung, kann man sich auch kaum vorstellen, wie es war, wenn früher jemand ernstlich krank war. Einen Arzt holte man nur in ganz schlimmen Fällen, und wenn jemand ins Krankenhaus kam, dann mußte er schon dem Tode nahe sein.

Als mein Großvater im Jahr 1943 schon krank war, kam er noch einmal zu uns auf den Berg hinauf. Es ging ihm dann sehr bald schlechter. Er bekam furchtbare Schmerzen. Eine Straße gab es nicht. Also nahm Vater einen Heuwagen, band einen Strohsack darauf, und auf diesem wurde Großvater festgebunden. Mit einem geliehenen Ochsen brachte Vater dann den Großvater auf diesem Gefährt ins Spital.

Großmutter war auf der Alm und wußte nicht, daß ihr Mann im Sterben lag. Der Bauer, bei dem sie Sennerin war, verbot meinen Eltern strikt, daß sie eine Botschaft schickten, weil er befürchtete, sie könnte sonst von der Alm heruntergehen. Erst als Großvater tot war, wurde sie verständigt, sodaß sie wenigstens zur Beerdigung hinuntergehen konnte.

Dieses Kapitel ist wohl ein sehr finsteres geworden, doch ich denke, wenn man sich schon damit beschäftigt, wie es früher war, dann sollte man auch solche Dinge aufzeigen. Vielleicht könnte es dazu führen, daß wir ein wenig zufriedener sind, wenn wir sehen, womit sich die Generationen unserer Eltern und Großeltern abkämpfen mußten.

Die Lebensader

Ob das jetzt auf dem Bauernhof oder auf der Alm war, das wichtigste, ja die Voraussetzung für das Leben überhaupt, war, daß Wasser da war.

Es mußte relativ viel Wasser sein, denn das Vieh braucht viel Wasser. Es gibt nichts Schlimmeres für das Vieh, als kein Wasser zu haben. Auf manchen Almen kann das zu einem Problem werden. Gerade jetzt, wo nicht dauernd jemand beim Vieh ist.

Vor einigen Jahren ist auf der Wandalm das Wasser versiegt. Das Vieh war allein dort, niemand wußte etwas davon, und so wurde nichts unternommen. Das führte dazu, daß sechs Rinder abstürzten. Das Vieh wird „piesat", wenn es kein Wasser hat, das heißt, es beginnt unkontrolliert herumzurennen, und da kann so etwas leicht passieren.

Auf den Almen wurden immer schon vorhandene Quellen und Wasserläufe aufgefangen, damit das Vieh Wasser hat. Wenn ein sehr trockener Sommer ist, dann wird das Wasser knapp. Auf einigen Almen gibt es genügend Wasser, doch auf anderen kann das ein großes Problem werden, und es konnte schon passieren, daß man das Vieh herunterholen mußte.

Wie bereits erwähnt, gab es nicht auf jeder Alm einen Brunnen vor der Hütte, oft mußte das Wasser von einem Bach oder einer Quelle geholt werden. Das war besonders dann der Fall, wenn die Wasserstelle weiter unten war als die Hütte. War weiter oben eine Quelle, dann konnte man sie zur Hütte leiten.

Heute ist bei den Bauern ja längst das Wasser im Haus, und auch für das Vieh gibt es im Stall Selbsttränkanlagen. Früher war das anders. Da war ein Brunnen vor dem Haus und auch beim Stall, wenn dieser vom Haus getrennt war. Das Vieh mußte zum Tränken zum Brunnen herausgelassen werden.

Die „Brunntröge" waren aus Holz und mußten aus einem Baumstamm ausgehackt werden. Das machte man mit einer Hacke und mit einer „Tex" – eine U-förmig gebogene Hacke –, einem Werkzeug, das eigens diesem Zweck diente. Es war eine lange, mühsame Arbeit, bis aus einem Baumstamm ein ansehnlicher Brunnentrog wurde. Wir hatten zu Hause drei solcher Brunnentröge. Einen kleinen vor dem Haus, einen großen vor dem Stall und einen in der Ötz, wo das Vieh weidete. Zu diesem Brunnen wurde das überlaufende Wasser vom Bassin geleitet, damit das Vieh trinken konnte. Beim Brunnen vor dem Haus rann das Wasser nur, wenn wir es brauchten, sonst wurde ein Holzzapfen in das Rohr gesteckt, und das Wasser rann weiter bis zum Stall.

Früher gab es natürlich keine Kunststoffrohre, sondern das Wasser mußte durch Holzrohre hergeleitet werden. Unsere Wasserleitung war zirka einen Kilometer lang. Wenn man bedenkt, daß ein Rohr vier Meter lang ist, dann kann man sich ausrechnen, wie viele Rohre man dazu brauchte.

Diese Rohre mußten alle mit der Hand gebohrt werden. Das war bei uns eine von den ganz wenigen Arbeiten, die mein Vater nicht selbst gemacht hatte. Da mußte schon der „Brunnrohrbohrer" kommen. Das war ein Bauer von einem anderen Berg. Er hatte einen langen Bohrer, mit dem er die Rohre erst von der einen und dann von der anderen Seite anbohrte. Er mußte genau in der Mitte des Holzes den Kern anbohren, damit er dann genau in der Mitte zusammenkam. Er drehte den Bohrer immer wieder heraus, um das ausgebohrte Holz zu prüfen. Dadurch sah er, ob er im Kern war. Als ich noch klein war, faszinierten mich immer die glatten Würstchen des Holzes, die ganz warm waren, wenn sie aus dem Bohrer kamen.

Waren die Rohre ausgebohrt, dann mußte noch an beiden Seiten die „Büchse“ angeschnitten werden, damit die Rohre zusammengesteckt werden konnten. Die Holzrohre wurden nicht eingegraben, sondern auf die Erde gelegt und mit Holzpflöcken festgemacht. Die Wasserleitung mußte ja laufend gewartet und überprüft werden. Wo das Vieh ging, kam es schon manchmal vor, daß ein Rohr abgetreten wurde. Doch es konnte auch sonst allerhand passieren.

Meine Brüder hatten einmal zwei Schulkameraden zu Besuch. Im Laufe der Zeit kamen sie auf ein Spiel, das zwar sehr lustig, aber streng verboten war. Oben in der Ötz machten sie Steine locker und ließen sie die steilen Hänge hinunter in den Graben kollern. Das war gefährlich, denn es konnte zufällig jemand im Graben gehen. Außerdem war der Zaun kaputt, wenn ein solcher Stein hineinflog. Es war allerdings sehr selten, daß im Sommer jemand im Graben ging, und die Steine wurden meistens ohnehin im Wald von den Bäumen aufgefangen. Sie suchten sich auch eine Stelle, wo kein Zaun war. Doch sie dachten nicht an die Wasserleitung, bis ein Stein draufflog, ein Rohr zertrümmerte und zwei weitere mitriß. Kein Wunder, daß es später ein arges Donnerwetter gab.

War es schon im Sommer unangenehm, wenn an der Wasserleitung ein Schaden war, so war es im Winter noch viel schlimmer. Man mußte dann die Leitung ausschaufeln, um den Fehler zu finden.

In einem Winter ist uns einmal das Wasser eingefroren. Bis der Schaden entdeckt wurde, war die Leitung bis ungefähr zur Hälfte zugefroren. Es gab überhaupt keine Möglichkeit, sie wieder aufzutauen. Vater legte von dort eine provisorische Leitung bis zum Weg. Das war bei fast zwei Meter Schnee nicht einfach. Viele Wochen mußten wir nun alles Wasser für Mensch und Vieh auf einem Schlitten herbringen.

Das war ein schönes Stück Arbeit. Der Weg mußte immer wieder neu ausgeschaufelt werden. Aus den Gefäßen auf dem Schlitten schwappte das Wasser immer wieder über, sodaß die Gefäße, der Schlitten, der Weg und nicht selten auch wir selbst total vereist waren. So sehr wie in diesem Winter haben wir das Frühjahr nie herbeigesehnt. Es dauerte lange, bis wieder alles aufgetaut war. So wie damals haben wir unseren Brunnen sicher nie geschätzt, als endlich das Wasser wieder rann.

Inzwischen gibt es nirgends mehr Wasserleitungen aus Holz. Selbst auf den Almen verwendet man Kunststoffrohre. Ich glaube, es gibt auch niemanden mehr, der das Brunnrohrbohren noch kann. Auch die hölzenen Wassertröge sind sehr selten geworden.

Die Alm meiner Großmutter

Natürlich gehörte diese Alm nicht wirklich meiner Großmutter, doch da sie nicht weniger als achtunddreißig Sommer dort Sennerin war, kann man schon von ihrer Alm sprechen. Diese Alm hatte in dieser Zeit eine recht wechselvolle Geschichte.

Wie bereits erwähnt, war Großmutter zuerst für einen Bauern dort Sennerin, später dann für zwei, beim alten und beim jungen Bauern zugleich. Noch später war Großmutter beim alten und ihre Tochter beim jungen Bauern Sennerin.

Schließlich heiratete ihre Tochter den zweiten Sohn des Bauern. Die jungen Leute pachteten erst einen Bauernhof, später kauften sie einen Hof in Radochsberg. Es war ihnen sehr recht, daß dieser Sohn dann die Alm erbte. So konnten sie auf dem kleinen Hof doch mehr Vieh füttern. Großmutter blieb auf der Alm Sennerin, nun eben bei ihrem Schwiegersohn.

Meine Tante hing ebenso wie ihre Mutter an dieser Alm. Sie war schon sehr jung dort Sennerin, denn sie war erst achtzehn oder neunzehn Jahre alt, als sie heiratete. Wenn es ihr irgend möglich war, dann ging sie auf die Alm. Es war vom Bauernhof weg sechs Stunden zu gehen, doch das machte ihr nichts aus. Manchmal ging sie mitten am Tag los auf die Alm. Meistens mußte sie auch am gleichen Tag wieder zurückgehen. Sie war eine kleine, schmale Frau, und sie ging sich sehr leicht. Es machte ihr auch nichts aus, wenn es dunkel war, sie fürchtete sich nicht. Hauptsache, sie kam wieder einmal auf die Alm.

Diese Tante hatte zwei Söhne, die gerade das richtige Alter zum Einrücken hatten, als der Krieg kam. Beide mußten gehen, und dann waren beide vermißt. Laufend kamen Todesnachrichten und, wie viele andere Eltern, mußten sie um ihre Söhne zittern. Auch bei ihnen kam die Frage auf, ob das alles überhaupt noch einen Sinn hatte. Wofür plagten sie sich überhaupt? Würden die Buben denn wieder zurückkommen? Wenn ja, würden sie gesund sein? Oder lebten sie vielleicht überhaupt nicht mehr?

Ein Bauer wollte in dieser Zeit ohnehin die Alm kaufen. Er kam immer wieder, und unter den gegebenen Umständen war der Onkel schon bereit zu verkaufen. Doch dann kam die Tante dazu, und sie wehrte sich trotz allem sehr dagegen. Für sie war diese Alm viel mehr als nur ein wirtschaftlicher Faktor, sie hing mit dem Herzen daran. Schließlich wurde dann doch nicht verkauft.

Als der Krieg vorbei war, kamen beide Söhne zurück, und sie waren den Umständen entsprechend auch gesund. Nun waren sie alle froh, daß nichts verkauft worden war. Großmutter war schon über siebzig, als sie dort noch Sennerin war. Sie blieb erst zu Hause, als sie schon krank war.

Sie hat dort vieles erlebt. In den Jahren 1911 und 1921 gab es beim Vieh eine Seuche. Es war schon außergewöhnlich, daß sie dabei nicht ein einziges Stück Vieh verlor. Manchmal gab es auch eine Fußseuche. Großmutter hatte damals keine gescheiten Schuhe. Sie waren so zerrissen, daß die Zehen herausschauten. So bekam sie das Leiden selbst an ihren Füßen.

Ich weiß nicht, ob Großmutter auch dasselbe Mittel angewandt hat wie manche andere Sennerin. Ein ehemaliger Hüter erzählte mir, daß auch auf der Alm, auf der er war, diese Seuche war. Eine Sennerin hat ein Stück Rasen ausgestochen, dieses dann unter den Fuß der Kuh gelegt und genau nach diesem Fuß zugeschnitten. Dieses Stück Rasen wurde dann auf das Hüttendach gelegt. Das sollte gegen die Krankheit helfen.

Im Wiesler gab es auch gefährliche Löcher, in die manchmal ein Stück Vieh fiel. Es war dann sehr schwer, es wieder herauszubekommen, wenn es sich dabei schon nicht zu sehr verletzte, daß es geschlachtet werden mußte. Meine Mutter erinnert sich noch, daß einmal, als sie auf der Alm war, ein Pferd in ein Loch fiel. Alle Leute von der Alm mußten mithelfen, um es herauszubekommen. Das Loch mußte rundherum ausgeschaufelt werden, bis man mit Stangen, um die Säcke gewickelt waren, unter dem Pferd durchfahren konnte. Das Pferd war schon sehr schwach und mußte nebenbei mit kleinen Heubüscheln gefüttert und auch getränkt werden. Erst nach Stunden konnte das Pferd unter Aufbietung aller Kräfte aus dem Loch gehoben werden. Es hatte sich glücklicherweise nicht schwer verletzt. Allerdings dauerte es einige Zeit, bis es wieder halbwegs sicher auf den Beinen stehen konnte.

Trotz aller Gefahren und Krankheiten, mit denen sich Großmutter in den vielen Jahren auf der Alm herumschlagen mußte, war in den einundfünfzig Jahren, in denen sie Sennerin war, bei ihr nie ein Stück Vieh tot. Sie behauptete immer, das sei nur darauf zurückzuführen, weil sie niemals Rind- oder Pferdefleisch gegessen hat. Sie aß nur Schweinefleisch und eventuell auch Fleisch von einer Henne. Diese Tiere, so sagte sie, seien zum Essen da, aber nicht Rind und Pferd.

Einmal mußte bei einer anderen Hütte ein Pferd geschlachtet werden, weil es eine Kolik hatte. Meine Mutter, die damals auf der Alm war, bekam später von der Sennerin ein paar Stück geselchtes Pferdefleisch. Als sie es nach Hause brachte, schimpfte Großmutter mit ihr. Sie verbot ihr sogar, ein Geschirr zum Kochen zu nehmen. Mutter aß das Pferdefleisch dann halt ungekocht. Ihr schmeckte es. Doch Großmutter rührte es nicht an.

Zur damaligen Zeit gab es auf dieser Alm auch noch viele Schlangen. Auf dem Waschtisch im Anger lagen immer mehrere Schlangen, wenn die Sonne hinschien. Großmutter hätte beinahe einmal der Schlag getroffen, als mit ein paar Holzscheiten, die sie vom Holzstoß heruntemahm, eine Schlange herunterfiel und genau auf ihrer Brust landete.

Gern würde ich meine Großmutter selbst fragen, was sie in all den Jahren alles erlebt hat. Leider hatte ich nie die Gelegenheit dazu. Es wäre schön, wenn sie manches aufgeschrieben hätte, sie hätte sicher viel zu erzählen gewußt, aber leider ist das nicht der Fall.

Ich lernte diese Alm erst 1956 oder 1957 kennen. Damals war meine Tante wieder dort Sennerin. Der Sohn hatte inzwischen geheiratet, und nun ging sie selbst auf die Alm. Ich kannte vorher meine Tante nur recht flüchtig. Wir trafen sie manchmal beim Kirchgang auf dem Marktplatz, und einmal war ich mit Mutter ein paar Stunden bei ihr zu Besuch.

Das war ein großes Unternehmen. Wir mußten erst den Berg hinuntergehen und dann mit dem Postbus nach Abtenau fahren. Nach der Kirche fuhren wir mit dem Bus bis zur Schweighofbrücke, und von dort mußten wir zu Fuß zirka eineinhalb Stunden auf den Radochsberg hinaufgehen. Wir konnten natürlich nicht lange bleiben. Auf dem Heimweg war es dann umgekehrt. Wir mußten zuerst den Berg hinunter, dann mit dem Bus bis Voglau und dann wieder eineinhalb Stunden den Berg hinauf. Kein Wunder, daß unter diesen Umständen Besuche sehr selten gemacht wurden.

Das war also meine ganze Bekanntschaft mit meiner Tante, als ich zu ihr auf die Alm ging. Wir wohnten damals schon im Tal, und ein Mädchen aus der Nachbarschaft ging zur selben Zeit zu einer anderen Sennerin auf diese Alm. So war ich also nicht ganz allein. Der Vater des Mädchens sollte uns hinbringen. Damals wurde von den Lienbachalmen schon Milch in die Molkerei geliefert, und wir durften mit dem Milchfuhrmann mitfahren. Wir saßen hinten auf dem Lastwagen auf den Milchkannen und wurden ganz schön durcheinandergeschüttelt. Den letzten Teil des Weges, noch eine gute Stunde, gingen wir zu Fuß. Es war ein regnerischer Tag, und die Alm war nicht besonders einladend.

Doch als das Wetter schön wurde, gefiel es mir sehr gut. Zusammen mit dem anderen Mädchen durchstreifte ich die ganze Umgebung. Einmal hätten wir beinahe nicht mehr zurückgefunden. Wir liefen immer wieder einen anderen Hügel hinauf, bis wir dann endlich drei Hütten sahen, von denen wir zurückfanden. Wenn in der Nacht ein schweres Gewitter über der Alm niederging, dann hatte ich in meinem Heubett oben in der Rauschn schon Angst, doch ich hätte mich nie getraut, zur Tante etwas zu sagen.

Bei diesem Aufenthalt lernte ich eigentlich erst meinen Onkel kennen, obwohl ich damals schon zwölf oder dreizehn Jahre alt war. Er war schon pensioniert. In seiner aktiven Zeit war er Berufsjäger gewesen. Das vertrug sich recht gut mit der Arbeit auf dem Bauernhof, umso mehr, als sein Revier nicht weit davon entfernt war.

Er war an sich ein recht umgänglicher Mensch, aber er war sehr jähzornig. Wenn ihm bei der Arbeit etwas nicht nach Wunsch ging, dann schimpfte und fluchte er fürchterlich. Da war es am besten, es kamen ihm weder Mensch noch Vieh in die Quere. Mir gegenüber war er sehr nett. Er hat immer droben beim Wieslerhörndl „Soah", ein besonderes Gras, gemäht, und den haben wir dann im Korb eine gute halbe Stunde zur Hütte getragen. Der Korb war zwar nicht schwer, doch mit der Zeit hat man ihn doch ganz schön gespürt.

Als ich wieder nach Hause ging, brachte mich mein Onkel bis ins Lienbachtal herunter. Dort bekam ich bei einer Hütte, bei der auch damals schon ausgeschenkt wurde, noch ein Kracherl von ihm, dann trennten sich unsere Wege. Er ging über den Sattel auf den Hof zurück, ich aber mußte auf der Straße nach Voglau gehen.

Damals gab es noch wenig Autos und Traktoren. Es war noch dazu ein Sonntag, und auf den zwölf Kilometern bis Voglau begegnete mir nur ein einziges Auto. Es war der Tierarzt, der auf einer Alm gewesen war, und sein

VW war bereits mehr als überfüllt. Er konnte mich nicht mehr mitnehmen. So marschierte ich den Weg ganz allein.

Später bin ich dann noch einmal für zwei Wochen auf die Alm gegangen, und – wie meine Mutter und meine Großmutter vor mir – so habe auch ich ein besonderes Verhältnis zu dieser Alm. Wie schon meine Großmutter, so ging auch meine Tante noch auf die Alm, als sie schon über siebzig war. Als sie nicht mehr konnte, wurde die Almwirtschaft aufgelassen.

Inzwischen geht eine Straße bis fast zu den Hütten, und seit einigen Jahren wird auf dieser Hütte sowohl die Almwirtschaft als auch eine Jausenstation betrieben. So ist heute eine Urenkelin meiner Großmutter in dieser Hütte und führt die alte Tradition fort.

Die Senndinbeicht

Wie überall im bäuerlichen Leben, so spielte auch bei den Sennerinnen die Religiosität eine große Rolle. Auf dem Bauernhof blieb am Sonntag nur ein „Zuaschauer" zu Hause, der auf Haus und Vieh zu achten hatte, alle anderen gingen in die Kirche. Ausgenommen waren natürlich alte Leute und Kinder, die den weiten Weg nicht bewältigen konnten.

Die Sennerinnen konnten den ganzen Sommer über nicht in die Kirche gehen, weil sie von der Alm nicht herunterkamen. Vor dem Almauftrieb gingen sie meistens in Weitenau, einer kleinen Außenkirche von Abtenau, zur Beichte und zur Kommunion. Es gibt in Abtenau ja mehrere kleine Außenkirchen. Heute ist die größte davon in Rigaus, doch diese Kirche gibt es noch nicht so lange, sie wurde erst um 1960 herum gebaut. Früher gab es dort nur eine kleine Kapelle, die sogenannte Strub-Kirche.

Als ich noch zu Hause war, bin ich oft zu dieser Kirche gegangen, wenn dort am Sonntagabend eine Messe war. Die Kapelle war schon recht baufällig. Die Frauen saßen in den wenigen Bänken, die Männer standen in der Sakristei, einem angebauten Nebenraum. Besonders zu bestimmten Anlässen fanden die Menschen nicht alle in der Kapelle Platz. Sie standen dann eben heraußen vor der Tür.

Doch selbst wenn genug Platz war, gab es einen alten Mann, der zwar immer in die Messe kam, sich aber weigerte, die Kirche zu betreten. Er nahm sich vom Bauern nebenan einen Schemel mit und setzte sich damit vor die Kirchentür. „Moast i geh do eini?" sagte er immer.

„Dös Glump kunnt gagst zamfalln, nochan wa i hi a nu!“ Die Bäurin, die in dieser Kirche so etwas wie einen Mesner abgab, kam meistens direkt vom Stall und hatte noch ihre Gummistiefel an. Die zog sie dann aus und ging barfuß in die Kirche hinein. Bei diesen Außenkirchen war alles etwas anders, und es war auch viel persönlicher als in Abtenau selbst. Die Messe wurde jeweils von dem Kooperator gelesen, der in der betreffenden Außenschule unterrichte, sodaß dieser natürlich die Leute gut kannte.

Inzwischen sind die meisten Außenschulen aufgelassen worden, die Kinder werden mit Bussen zur Schule gebracht.

Die Sennerinnen machten also ihren Kirchgang vor der Almauffahrt gern in der Weitenauer Kirche. Das mußte dann für lange Zeit reichen. Es gab nämlich im ganzen Sommer nur einen einzigen Tag, an dem die Sennerinnen von der Alm herunter in die Kirche gehen durften. Das war der sogenannte „Patsunküah-Sonntag“, der Sonntag nach dem Portiunkulatag, dem 2. August.

Dieser Tag war der Tag der Sennerinnen. Schon am Samstag ging jemand vom Hof hinauf, um die Sennerin zu vertreten. Am Nachmittag gingen die Sennerinnen von der Alm herunter. Dazu zogen sie ihr bestes Gewand mit dem schönen Miedertuch an. Ein ehemaliger Hüter sagte mir: „Da sans anders schön gwesn!“ Er war Hüter in der Alp-Pichl. Dort haben die Hüter an diesem Tag sogar die Pumperglockn unter dem Heu hervorgeholt, wo sie sie versteckt hatten. Sie haben damit die Sennerinnen mit lautem Glockenklang über die Alm hinausbegleitet. Die Sennerinnen haben zwar geschimpft, doch war das nicht so ernst, denn es hat ihnen eigentlich recht gut gefallen, daß sie mit einem solchen Aufwand verabschiedet wurden.

Auf dem Hof wurden sie herzlich willkommen geheißen. Am Sonntag ging es dann in die Kirche zur Beichte und zur Kommunion. Wenn die Leute nach der Kirche auf dem Marktplatz zusammenkamen, kannte man die Sennerinnen genau heraus. Das lag nicht nur an den festlichen Kleidern, sondern an ihrem ganzen Aussehen. Die anderen Mägde waren von der Arbeit auf dem Feld sonnenverbrannt, die Sennerinnen hatten eine weiße Haut und „rote Wangerln".

Nachdem sie auf dem Marktplatz ihre Verwandten und Bekannten begrüßt hatten, gingen sie mit dem Bauern ins Gasthaus. Dort bezahlte ihnen der Bauer ein Kälbernes oder Schweinernes. Am Sonntagnachmittag besuchten die Sennerinnen ihre Verwandten. An diesem Tag kamen sie nicht mit leeren Händen. Sie brachten einen „Schotten" mit. Dieser Schotten war schön hergerichtet.

Beim Schottenmachen kommt die geronnene Milch in die „Schott-Wiagn", in die zuerst ein feines Tuch gelegt wird. Die Schott-Wiagn sieht aus wie eine kleine Wiege, jedoch ohne Boden. Dafür hat sie unten mehrere Querstäbe. Die Schott-Wiagn wird wie der Kas-Stutzen auf ein Schaff gestellt, damit die Juttn durchlaufen kann. Der Schotten wurde nicht gesalzen.

Wenn er mit dem Tuch gestürzt wird, dann sind dort, wo die Stäbe waren, Rillen. Diese Rillen wurden mit Weinbeeren ausgefüllt. So sah ein fertiger Schotten sehr schön und appetitlich aus. Einen solchen Schotten bekamen die Verwandten, wenn die Sennerin am Patsunküah-Sonntag kam.

Die Nacht von Sonntag auf Montag blieb sie noch auf dem Hof, dann ging sie wieder auf die Alm zurück. Das also war der Patsunküah-Sonntag, der Feiertag der Sennerinnen. An diesem Tag mußte eine Sennerin nicht arbeiten. Im Winter hatte sie am Sonntagnachmittag nur ein paar Stunden Zeit für sich, am Abend mußte sie zur Stallarbeit wieder da sein. Doch dieser Tag gehörte wirklich ihr allein. Dann blieb sie wieder auf der Alm und kam erst herunter, wenn der Almabtrieb war.

Zwar heißt es immer: „Auf der Alm, da gibt's koa Sünd'", doch ganz so wird es wohl doch nicht gewesen sein, denn sonst wäre ja die Senndinbeicht ganz überflüssig gewesen. Darüber, was eine solche Sennerin nach den

Wochen auf der Alm alles zu beichten hatte, gibt es ein altes Volkslied.

Ob es sich dabei um ein Geständnis einer Sennerin, um die phantasievollen Verse eines gerissenen Schnadahüpflsängers handelt oder ob gar ein Pfarrer sein Beichtgeheimnis gelüftet hat, sei dahingestellt.

Der Senndin Beicht'

Sie: *Herr Pfarrer, wünsch an guatn Tag,*
I sachats halt recht gern,
Ja wanns ös nit gar z'gnetig hätts,
Tats mia die Beicht anhern!
Es is scho leicht söchs Monat her,
Daß i amal hon beicht.
Zan Buaß-Toan kim i soviel hascht,
as geaht nit soviel leicht.

Pfarrer: *Mein liebes Kind, das ist gefehlt,*
Mußt öfter beichten gehn,
Denn wenn du kommst in d'andre Welt,
Wie wirst du dann bestehn?

Sie: *Hiaz hon i halt Respekt auf enk,*
Herr Pfarrer, sie ham recht.
War's Beichtn gehn alloan die Müah,
Wann i mi haltn mecht.
Mia kimmt ja gar koa Reu und Leid,
I woaß nit was dös hat,
Und wann i goar verdammt soll wern,
Wa decht a bissl schad.

Pfarrer: *Mein liebes Kind, bereite dich*
Und mach a reuigs Herz
Und fang amal zu beichten an,
Die Beicht is ja koa Scherz!

Sie: *Aft mach i halt a Kreuz zuerst*
Und fang zum Beichten an,

Dö größtn Brockn sag i erst,
Dö kleannan hintn dron.
I gib mi schuldig, wia i woaß,
Bekenn all meine Sünd,
Studier und tracht den ganzen Tag,
Ob heut mei Bua net kimmt.

Pfarrer: *Mein liebes Weibsbild loß dir sagen,*
Leb doch nicht so verblendt!
Denk an kein Mannsbild nimmermehr,
Denk an das letzte End!

Sie: *Und was das sögste Bot betrifft,*
Dös übertritt i grob,
Die Keuschheit is wohl gar mei Gift,
Drum mach i net die Prob.
Vor fünf und sögs und achthalb Jahr,
Hon i mi no net traut,
Bin mit die Buama Schlitten gfoahrn,
Und hon mi nit umgschaut.

Pfarrer: *Du bist ein schlechtes Kind der Welt,*
Führst gar ein schlimmes Lebn!
Du wirst mit deinem Sündenpack
Schnurgrad der Höll zuagehn.

Sie: *Da Höll zua hon i nit in Sinn,*
Herr Pfarrer mia war zhoaß,
Weil i mei Lebn a Senndrin bin,
Vo koana Hitz nix woaß!
Bald Hoamleut oft recht schwitzn tant,
Hon i eas recht vagunnt.
Hon i ma denkt: ös Teifisleit,
Es is enk wohl recht gsund.

Pfarrer: *Ist das bei dir die Nächstenlieb;*
Freuts dich, wenn andere leidn?
Es schadet deinem Seelenheil,
Du redest wia die Heidn.

Sie: *An Elend is dös schon mit mia,*
Koa Lehr will i net hern,
Mia wa vüll liaba a schens Gwand,
Schen wa i soviel gern!
Da Spiagl is mei größte Freud,
Mit'n Waschn hots koa Ziel,
So machns halt mia Weiberleut,
Konns gehn ja wias grad will.

Pfarrer: *Die Hoffart meid, ich sage dir,*
Die ist ja weit gefehlt,
Du wirst einmal gestraft dafür,
Dort in der andern Welt.

Sie: *A schiacha Tuck is wohl der Neid,*
Mit dem hon i oft z'toan,
Grad wegn dö kummen Manderleut,
Sinst hätt i weida koan.
Die Eifasucht, die hat mi plagt,
Mi hat der Schuach oft druckt.
I wa ja net alloan wegn dem,
Es habm scho mear so Tuck.

Pfarrer: *Mein liebes Kind, ich sage dir,*
Greif einmal zu der Buß!
Du weißt ja keinen Augenblick,
Ob du nicht sterben mußt.

Sie: *Dös Nachtgebet, dös woaß i schon,*
Dös bleibt oft untawegn,
Und wias halt auf der Alm so Brauch,
Es kimmt oft oana z'wegn.
In Summa kemman d'Hoamleit an,
In Hörrischt oft der Schütz,
Und wann ma eah koa Acht net gibt,
Aft kimmt auf d'Alm halt nix.

Pfarrer: *Weck Reu und Leid halt in da Still,*
Und laß nit vom Gebet!

Der Satan lauert schon auf dich,
Weil er dich gerne hätt.

Sie: *Herr Pfarrer, hiaz is alls banand,*
Dös große wia dös kloan.
Bitt um die Absolution,
I moan, es kunnt scho toan.
Tats mi halt mit der Buaß net plagn,
Und net goar z'vüll aufgebn,
Will enk amal a Milch hertragn,
Wanns mir heut alls vergebn.

Pfarrer: *Ich werde dir zur Buß aufgebn,*
A wahre Reu und Leid,
Geh hin und führ ein andres Lebn,
Und bring die Milch beizeit!

Ein Schicksal

Manchmal half mir bei meinen Nachforschungen auch ein Zufall weiter. Da ich ohnedies schon immer auf Suche nach Informanten war, fand sich manchmal ganz unerwartet eine Quelle. So auch in folgendem Fall.

Beim Einkaufen sprach mich eine Bekannte an. Sie hatte gehört, wie im Rundfunk aus meinem Buch „Mein Vater, Holzknecht und Bergbauer" vorgelesen wurde. Sie wollte nun wissen, ob ich mich denn auch weiterhin mit der Vergangenheit beschäftige. Ich erzählte ihr, daß ich Nachforschungen über Sennerinnen betreibe. Da sie – wie ich auch – aus Abtenau stammt und in ihrer Jugend bei Bauern im Dienst war, fragte ich sie, ob sie denn nie Sennerin gewesen sei. Sie sagte, sie sei nur einmal kurz zur Aushilfe auf der Alm gewesen.

Doch kurze Zeit später rief sie mich an und sagte, sie wisse schon eine Sennerin, die viel zu erzählen hätte. Diese Frau sei ihre Tante, und wir könnten sie ja gemeinsam im Altersheim in Abtenau besuchen. Natürlich ließ ich mir diese Gelegenheit nicht entgehen.

Es war ein richtiger Wintertag, als wir nach Abtenau fuhren. Es gab Schnee und Kälte, und es war eigentlich kein Tag, um über Sommer und Almen zu sprechen. Aber das war kein Hindernis. Wir fanden die Frau mit zwei anderen im Aufenthaltsraum des Altersheimes bei einem Schalerl Kaffee. Sie freute sich über unseren Besuch. Als wir uns bekanntgemacht hatten, stellte sich heraus, daß ich ihr bei weitem nicht so unbekannt war wie sie mir. Sie kannte meine Eltern gut, und mit meinem Vater war sie sogar einige Zeit beim selben Bauern im Dienst gewesen.

Damit waren wir schon mitten in der Vergangenheit – in ihrer Jugend, für die ich mich am meisten interessierte. Sie meinte zwar, da gebe es nicht viel zu erzählen, doch allmählich erfuhr ich eine ganze Menge.

Die Bekannte machte in der Zwischenzeit noch einen anderen Besuch, und die anderen Frauen gingen zur Messe. An diesem Tag wurde nämlich anläßlich eines neunzigsten Geburtstages im Altersheim eine Messe gehalten. Da das Altersheim von geistlichen Schwestern geführt wird, wird darauf natürlich großer Wert gelegt.

So blieb ich mit meiner Gesprächspartnerin allein zurück. Es zeigte sich, daß die Nani wirklich viel zu erzählen hatte. Außer den üblichen Dingen, die sie als Sennerin erlebt hatte, gab es einige sehr persönliche Dinge, die nicht nur viel über sie selbst, sondern allgemein über das Leben vor und während des Krieges und auch noch danach aussagen.

Sie wurde erst nach dem Krieg Sennerin, vorher war sie Magd bei verschiedenen Bauern gewesen. Sie hatte aber auch schon da viel mit Vieh und auch mit der Alm zu tun gehabt.

Manchmal gab es schon bei der Almfahrt Schwierigkeiten. In einem Sommer konnte das Vieh nicht den üblichen Weg getrieben werden, weil eine Brücke unpassierbar war. Es mußte also ein kleiner Umweg gemacht werden, damit man über eine andere Brücke kam. Das Vieh aber war diesen Weg nicht gewohnt und weigerte sich, über diese Brücke zu gehen. Es dauerte eine ganze Weile, bis es gelang, das Vieh über die Brücke zu bringen.

Einmal fiel eine Kuh auf der Almfahrt plötzlich tot um. Sie hatte einen Herzschlag bekommen. Früher mußte ja im Winter sehr mit dem Futter gespart werden, und so war das Vieh im Frühjahr oft ziemlich schlecht beisammen. Das passierte an einer Stelle, wo man mit keinem Wagen hinfahren konnte. Die Kuh mußte also an Ort und Stelle zerlegt und das Fleisch dann auf dem Rücken weggetragen werden. Das Fleisch mußte in einem solchen Fall natürlich geselcht werden, denn Tiefkühltruhen gab es ja nicht. Selchen war die einzige Möglichkeit der Haltbarmachung.

Dasselbe galt, wenn auf der Alm ein Stück Vieh abstürzte. Bei einem Bauern stürzte einmal eine Kuh ab und verletzte sich dabei. Sie wurde dann extra in einen alten Stall gebracht. Wenige Tage später stürzte dann auch noch der Stall ein. Jetzt konnte die Kuh natürlich nicht mehr gerettet werden.

Die Nani hatte einmal Pech mit einer Kuh, die, wie sie sagte, ganz „kälbernarrisch" war. Diese Kuh ging immer zu den Kälbern hin. Dabei rutschte sie eines Tages aus und brach sich ein Bein. Die Kuh mußte geschlachtet werden. Auf der Alm gab es keinen anderen Platz, und so mußte das alles im Tret geschehen. Das war natürlich schwierig, denn das Fleisch mußte auch zerlegt und weggebracht werden.

Das andere Vieh stand schon vor der Hütte und wollte unbedingt hinein. Es mußte immer wieder weggetrieben werden. Als endlich alles fertig war, mußte die Sennerin noch große Mengen Wasser hineinschleppen, um das Blut halbwegs wegzuwaschen. Es blieb ohnehin noch lange der Blutgeruch, der sich in der Hitze zu einem furchtbaren Gestank steigerte.

Aber nicht nur das Vieh, sondern auch kleines Getier konnte manchmal allerhand anrichten. Als die Nani einmal die Rahmschüssel aus dem Keller trug, wunderte sie sich, daß diese so schwer war. Dann stellte sich heraus, daß im Rahm eine Menge Sand war. Sie wußte gleich, daß das nur das Wiesel, das sie schon im Keller gespürt hatte, gewesen sein konnte. Obwohl sie sich natürlich ärgerte, wagte sie jedoch nicht einmal mit sich selbst zu schimpfen, denn es hieß ja, daß man über ein Wiesel nicht schimpfen darf, denn wenn dieses es hört, dann tut es einem noch viel mehr Possen an.

Es gab ja früher mehrere seltsame Dinge, an die man glaubte. So durften niemals Haare von einem Menschen im Freien weggeworfen werden, denn sonst würde der Mensch, von dem diese Haare waren, irrsinnig.

Das, was die Nani so mit Vieh und Arbeit mitgemacht hat, war so ungefähr dasselbe, was auch andere Sennerinnen erlebt haben, mit denen ich gesprochen habe. Betroffen aber machte mich das, was sie aus ihrem eigenen Leben erzählte, denn das, was sie erlebt hatte, war wiederum ein Beispiel dafür, wie die Verhältnisse damals waren.

Sie erlebte ihre Jugend in der Vorkriegs- und in der Kriegszeit. Sie hatte damals auch einen Burschen, mit dem sie ihr künftiges Leben teilen wollte. Aber in der damaligen Zeit war das Heiraten nicht so einfach, denn es fehlte praktisch an allem. Ich hatte später auch Gelegenheit, mit Nanis Schwager zu sprechen, und er schilderte mir, wie es für Männer damals aussah.

Wie sein Bruder, so hatte auch er ein Mädchen. Aber heiraten konnte er nicht, weil er keine Arbeit hatte und somit keine Frau ernähren konnte. Er sollte einmal zu Hause die kleine Landwirtschaft übernehmen. Seine Mutter wäre sehr froh gewesen, wenn er geheiratet hätte, denn die Arbeit wurde ihr viel zuviel, und sie hätte dringend eine Schwiegertochter gebraucht. Aber der Mann fand nur manchmal wochenweise eine Beschäftigung, und das reichte nicht aus, um eine Familie zu gründen. Der Vater drängte ebenfalls zur Heirat, und weil es anders nicht ging, sagte er schließlich zu seinem Sohn: „Pack doch an, die Kost gib ihr i!"

Man muß sich die Voraussetzungen für eine solche Ehe einmal vorstellen. Der Sohn mußte heiraten, weil die Arbeitskraft der jungen Frau gebraucht wurde. Da er aber nicht in der Lage war, für sie zu sorgen, gab ihr der Vater das Essen. Sie verdiente sich halt auf diese Weise das Essen durch die Arbeit in der Landwirtschaft.

Wie die Wohnverhältnisse der jungen Leute waren, darüber erübrigt sich wohl jeder Kommentar. Gerade daß sie halt eine kleine Kammer und ein Bett hatten. Möbel konnten natürlich nicht angeschafft werden. Heute richten junge Leute ihre Wohnungen meist recht großzügig und modern ein. Es werden auch alle technischen Geräte angeschafft, die einen Haushalt bereichern können. Ob sie manchmal einen Gedanken daran verlieren, wie ihre Großeltern angefangen haben? Es könnte sicher nicht schaden, ihnen wenigstens einmal davon zu erzählen.

Damals ging es ums nackte Überleben, um die ureigensten Bedürfnisse eines Menschen, wie Essen, ein Dach über dem Kopf und das Allernötigste zum Anziehen. An irgendeinen Luxus war überhaupt nicht zu denken.

Wie das dann gegangen sei, wollte ich wissen. „Dann is da Hitler kemma", bekam ich prompt zur Antwort. Vorsichtig fragte ich danach, wie das damals war, wie die Leute das aufgenommen hätten und wie er selbst darüber gedacht hätte. „Dös is mia wuascht gwen, a Arbeit hat's dann gebm!"

Diese Antwort gibt mir zu denken, denn ich habe sie schon mehrmals von Leuten bekommen, wenn ich eine Frage in dieser Richtung gestellt habe. Die Verhältnisse waren damals schlecht, und die Not war groß. Das hat seine Spuren hinterlassen. Als es plötzlich Arbeit gab, fragten die Leute nicht lange wieso und warum. Sie kümmerten sich nicht darum, was danach und drumherum geschah.

Draußen auf dem Lande hatte man größtenteils ohnehin nicht viel Einblick in die Dinge. Sicher war das mit eine Voraussetzung dafür, daß die ungeheuerlichen Verbrechen des nationalsozialistischen Regimes überhaupt passieren konnten. Erst als der Krieg kam, erkannten manche, daß vieles doch nicht so gut war, wie es am Anfang ausgesehen hatte. Denn dieser Krieg schlug brutal zu, und dem entgingen auch die hintersten Landgemeinden nicht.

Auch Nanis Freund mußte einrücken. Die jungen Leute hatten nur die Möglichkeit, ein paar Urlaubstage mitsammen zu verbringen. Und darüber stand immer die Möglichkeit, daß es das letztemal sein könnte, denn nachher ging es wieder hinaus an die Front. Eine Frau, die ebenfalls in dieser Zeit ihre Jugend verbracht hat, sagte einmal treffend: „Wir konnten das Glück nicht dosieren, wir mußten es zusammenraffen, wenn es sich bot."

Auch bei Nani war es so, und es blieb nicht ohne Folgen. Während sie schwanger war, kam der Bursch noch einmal auf Urlaub. Diesmal ging er noch schwerer als sonst, und er rechnete damit, daß er nicht mehr zurückkommen könnte. So war es dann auch. Als der Bub geboren wurde, lebte sein Vater schon nicht mehr. Er war bald nach diesem letzten Urlaub gefallen.

Nur kurze Zeit durfte die Nani ihr Kind bei sich behalten, dann mußte sie es weggeben. Sie hatte dabei noch Glück, denn die Eltern des Vaters nahmen es auf. Durch den Tod des Vaters übertrug sie wohl alle Liebe auf das Kind. Es fiel ihr furchtbar schwer, es wegzugeben, aber was blieb ihr anderes übrig?

Sie mußte noch recht froh sein, denn bei den Großeltern war der Bub gut aufgehoben, und sie konnte ihn dort auch besuchen. Es dauerte ihr immer viel zu lang bis zum Sonntag. „Oft hab i ma denkt, hiaz lauf i einfach abi zu mein Buam", erzählte sie mir, und dabei standen Tränen in ihren Augen, obwohl das alles schon mehr als vierzig Jahre her ist. Beim Erzählen wurde alles wieder lebendig. In dieser Zeit kam sie zu einem Bäcker als Magd. Es gab dort ein Abkommen, daß die Frauen vom Bäcker am Sonntag zu einem Wirt eine Suppe essen gehen durften. Dafür mußten sie nach dem Essen am Sonntagnachmittag dort abwaschen. Da aber rebellierte die Nani: „I bin a a Muata", sagte sie, „und wenn i am Sonntagnachmittag nit zu mein Buam gehn derf, dann bleib i nimma." So setzte sie sich tatsächlich durch. Sobald sie wegkonnte, ging sie zu ihrem Buben. „Grad glaufn bin i immer hin", erzählte sie mir.

Dieser Sonntagnachmittag war ihr alles. Sie war dort auch immer willkommen und wurde gut aufgenommen. Das war natürlich ein großer Vorteil, denn das konnten bei weitem nicht alle Frauen von sich sagen, die ein Kind von einem Mann hatten, der im Krieg oder sogar schon gefallen war. Oft waren die Eltern nicht bereit, ein solches Kind als das ihres Sohnes anzuerkennen.

In diesem Fall hatte der Bursche schon vorher alles klargemacht und seine Verwandten gebeten, dem Mädchen zu helfen, falls er nicht mehr zurückkommen sollte. Es gab auch mehrere Briefe, in denen er von einer Heirat gesprochen hatte. Das wurde alles nach Linz gesandt, und schließlich wurde die Nani mit dem gefallenen Mann getraut. Das gab es damals. Die Leute sagten in solchen Fällen: „Die hat den Stahlhelm geheiratet." Das war eine rechtmäßige Trauung, und sie wurde als Witwe des Mannes anerkannt.

So hat mir die Nani die Jahre ihrer Jugend geschildert, die ihr Leben am meisten beeinflußt und geprägt haben. Immer wieder traten ihr dabei die Tränen in die Augen. Ich glaube fast, sie hat dabei alles ein bißchen wiedererlebt, und sie hat sich bestimmt auch noch damit beschäftigt, als ich schon weg war.

Ich bin sehr froh und dankbar, daß sie mir das alles erzählt hat, und ich war sehr betroffen davon. Ich bin ja selbst in den Kriegsjahren geboren, und auch mein Vater war im Krieg. Doch ich hatte das Glück, daß er wiederkam, wenn auch erst nach dreijähriger Gefangenschaft.

Mein Mann hat seinen Vater nie gekannt. Er war sechs Monate alt, als sein Vater zum letztenmal auf Urlaub da war. Dann mußte er wieder an die Front und kam nicht mehr zurück. Ich habe heute selbst fast erwachsene Kinder und mache mir oft darüber Gedanken. Zwar wird noch immer für Kriegsopfer gesammelt und etwas für sie getan. Doch daran wird kaum noch gedacht, daß all die Kinder, die ohne Vater aufwachsen mußten, auch Kriegsopfer waren und eigentlich noch da sind; ebenso alle Frauen, deren Männer im Krieg geblieben sind. Das Leben dieser Menschen wäre ganz anders verlaufen, wenn die Männer und Väter dagewesen wären. Der Krieg hat sie nicht nur ein paar Jahre ihres Lebens gekostet, sondern auch ihr ganzes weiteres Leben beeinflußt. All das ist mir durch den Kopf gegangen, nachdem mir die Nani so aus ihrem Leben erzählt hat.

Aber noch ein Erlebnis der Nani möchte ich wiedergeben, ein Erlebnis, das sie hatte, als sie schon nach dem Krieg im Ackersbach Sennerin war. Es war wohl ein ziemlich außergewöhnliches Erlebnis, das sicher nicht viele Sennerinnen hatten. Eines Abends kam eine Sennerin von einer Nachbarhütte und erzählte ihr, daß es ihr schon den ganzen Tag nicht gutging. Sie war hochschwanger und meinte, daß es höchste Zeit wäre, nach Hause zu gehen. Die Nani sollte sie begleiten. Diese war sehr erschrocken, als sie das hörte, und schimpfte, weil die andere nicht früher gekommen war. Aber das half jetzt auch nichts mehr. So drängte sie zum sofortigen Aufbruch. Doch die Sennerin hatte eine „krumpe“ (hinkende) Kuh, die sie noch vorher in den Stall treiben mußte. Dann gingen die beiden Frauen los.

Der Nani war schon klar, daß sie allerhand erwartete, wenn sie jetzt mit dieser Frau den Weg bewältigen mußte, für den man normalerweise ungefähr dreieinhalb Stunden brauchte. Doch die Wirklichkeit übertraf alle Befürchtungen. Die Wehen kamen immer häufiger, und sie mußten immer wieder stehenbleiben und warten, bis das Schlimmste vorbei war. Es wurde auch schon bald stockdunkel, denn in dieser Nacht schien kein Mond. Stück für Stück kämpften sie sich vorwärts. Einmal begegnete ihnen sogar ein Traktor, doch der Fahrer hielt nicht an, obwohl er die beiden Frauen im Lichtkegel der Scheinwerfer sicher gesehen hatte.

Später stellte sich heraus, daß das Nanis Bauersleute gewesen waren, die zu einer „Lumperei“, einer Unterhaltung, auf die Postalm fuhren. Sie hätten sich unschwer denken können, daß die Nani mit einer anderen Sennerin so spät am Abend nicht zum Vergnügen so weit entfernt von der Alm herumlief, noch dazu wo sie die andere schwer stützen mußte. „I woaß nimmer, wia dös grad alls zuaganga is“, sagt die Nani heute, „halb hab is tragn, halb hab is zogn, so samma halt daherzacht.“

Sie hatte ein Handtuch mitgenommen, damit die andere etwas zum Unterlegen hatte, wenn sie sich hinsetzen mußte. „Jedsmal hab i mi gfürcht, sie kimmt nimma auf. I hätt nit amal a Schnürl mitghabt zum Nabel abbinden“, erzählte sie. Dabei mußte sie immer damit rechnen, daß das Kind kommt. Es war ein furchtbarer Weg. „Dös Gwand war zrissn, dö ganzen Haarnadeln hab i verloren, daherkemma bin i, wia wenn i graft hätt.“

Sie brauchten für den Weg die doppelte Zeit, doch sie kamen bis zu dem Bauern, bei dem die andere Sennerin war. Damals gab es noch kaum Verkehr auf der Straße, und so kam ihnen auch niemand zu Hilfe, obwohl sie ein gutes Stück auf der Straße gehen mußten. Beim Bauern angekommen, war die Nani zum Umfallen müde. Doch die Bäuerin, die selbst schon ein paar Kinder hatte, weigerte sich, der Gebärenden zu helfen. Eine Hebamme zu holen war keine Zeit, denn kaum hatte sich die Frau hingelegt, kam schon das Kind. So mußte die Nani auch hier noch einspringen und dem Kind auf die Welt helfen.

Dank dieser Hilfe blieben sowohl die Frau als auch das Kind am Leben, doch die Frau konnte später kein Kind mehr haben. Wenn die Nani nicht gewesen wäre, wäre die Sache sicher bös ausgegangen. Wahrscheinlich hat sie beiden das Leben gerettet. Wer aber denkt, sie hätte sich jetzt hinlegen und ausschlafen können, der irrt. Sie mußte noch in der Nacht auf die Alm zurückgehen. Doch vorher lief sie schnell noch zu ihren Schwiegereltern und zu ihrem Kind, die in der Nähe waren. Dort konnte sie sich wenigstens ein kleines bißchen ausruhen.

Dann mußte sie sich wieder auf den Weg machen. Auf der Alm wartete das Vieh, und auch das Vieh der anderen Sennerin mußte versorgt werden, bis Ersatz kam. Die anderen Sennerinnen halfen auch mit, und so ging das schon. Einen Dank hat sie nie bekommen für das, was sie in dieser Nacht geleistet hat. Aber das hat sie auch nicht erwartet. Für sie war das selbstverständlich.

Mir ist damit wieder einmal klargeworden, wie sich gerade im täglichen Leben oft zeigt, wie ein Mensch wirklich ist, und daß das meistens gar nicht beachtet wird. So viele Helden gibt es in unserer Zeit. Fand man sie früher im Krieg, so findet man sie heute im Sport, in der Musikszene, in der Weltraumkapsel. Ich wehre mich immer gegen diese Art von Helden.

Ich glaube, daß man die wahren Helden viel eher im täglichen Leben findet. Etwa die Kriegerswitwe, die zwei Stunden vom Ort entfernt wohnte und ihre neun Kinder allein zu anständigen Menschen erzogen hat; die alte Bergbäuerin, die mehr als fünfzig Jahre geracker und gespart hat und dabei noch recht zufrieden auf ihr Leben zurückblickt; der Mann, der eine schwerkranke Frau hat und in vorzüglicher Weise für seine Familie sorgt; die Familie, die ein behindertes Kind trotz aller Schwierigkeiten bei sich behält, um ihm die Liebe und Fürsorge zu geben, die es braucht; Menschen, die auf eine eigene Karriere verzichten, um anderen zu helfen.

Solche Menschen werden von niemandem bewundert. Nicht selten wird über sie sogar gelacht oder abfällig geredet. Man sieht sie nicht im Fernsehen und liest nicht von ihnen in Illustrierten. Wer vermutet denn schon bei einem alten, bresthaften Altersheimweiblein, daß sie in ihrem Leben auch Großes geleistet haben könnte?

Durch die vielen Gespräche mit alten Menschen habe ich gelernt, große Achtung vor ihnen zu haben. Viele von ihnen haben ihr hartes Leben hervorragend gemeistert. Sie haben viele Dinge getan, die aber sehr wohl wert sind, daß sie erwähnt werden. Ich bin sicher, daß viele unserer heute so modernen Helden als Mensch nicht in der Lage sind, diesen Leuten das Wasser zu reichen.

Hüter, Senn und Kalmerin

Das sind gleich drei verschiedene Beschäftigungen, die es auf der Alm gibt. Doch der Mann, der mir von diesen Beschäftigungen erzählt hat, war außerdem noch viele Jahre hindurch Briefträger. Ich habe mich jedoch weniger für diesen Beruf interessiert als für die Zeit, die er auf den Almen verbracht hat. Übrigens war er in seiner Jugend auch noch Bauernknecht. Kennengelernt habe ich ihn durch einen seiner Brüder, der mir dieses Gespräch auch vermittelt hat.

Bei dem Bauern, von dem die beiden Männer stammen, waren dreizehn Kinder. Es war also nicht möglich, daß alle zu Hause blieben. Besonders die älteren mußten schon früh aus dem Haus. Der Sepp erinnert sich noch sehr gut an den Tag, an dem er von zu Hause wegging. Er war damals gerade vierzehn Jahre alt. An seinem vierzehnten Geburtstag hörte er mit der Schule auf, und schon am nächsten Tag mußte er zu dem Bauern gehen, bei dem er in Zukunft Hüter sein sollte. Die Mutter packte ihm seine Sachen in einen Rucksack, dann marschierte er los.

Schwer fiel es ihm schon, doch was blieb ihm übrig? Er sah ein, daß es so sein mußte, und er fügte sich halt in sein unabwendbares Schicksal. Gut zweieinhalb Stunden hatte er zu seinem Bauern zu gehen. Er war den Weg schon einmal gegangen, und so fand er sich schon zurecht. Es war noch ziemlich zeitig im Frühjahr, und so blieb er erst noch einige Zeit auf dem Hof, ehe es Zeit zur Almfahrt wurde. Er lernte inzwischen alles auf dem Hof kennen und arbeitete auch mit der Sennerin im Stall.

Zu seiner Arbeit gehörte es auch, den Mist hinauszuräumen. Früher war der Misthaufen beim Bauern fast so etwas wie ein Aushängeschild. Es wurde großer Wert darauf gelegt, daß er genau viereckig und gleichmäßig war. Es hieß immer: „Wie der Bauer, so der Misthaufen." Deshalb durfte der Mist nicht nur hinausgeräumt, sondern er mußte auch sorgfältig verteilt werden. Der Sepp nahm es genau, und er war auch sehr stolz auf *seinen* Misthaufen.

Diese erste Zeit auf dem Hof war für den Buben schon recht schwer, denn das Heimweh plagte ihn sehr. Er wußte jedoch, daß er bleiben mußte, und so stand er es halt durch. Später, als er dann schon auf der Alm war, wurde das Heimweh allmählich weniger.

Auf der Alm war doch vieles anders, und er war von Anfang an gerne oben; er war aber auch auf dem Hof nicht ungern gewesen. Die Bauersleute waren schon älter und zu den Dienstboten gut. Die Stallarbeit war auf der Alm nicht viel anders als auf dem Hof. Dazu kamen jetzt Arbeiten wie Milchabtreiben und Butterrühren. Dabei, so erzählte er mir, war die Buttermaschine größer als der ganze Hüter. Aber er schaffte es schon. Er hätte sich auch geschämt, wenn er eine Arbeit nicht anständig gemacht hätte. Er strengte sich also mächtig an.

Selbstverständlich war es auch seine Arbeit, das Vieh zu suchen und zur Hütte zu treiben. Um drei Uhr mußte er aufstehen. Wenn er von der Hütte wegging, war es meist noch ziemlich dunkel, besonders wenn das Wetter schlecht war. Er hat sich dabei oft sehr gefürchtet. Meistens, so erinnert er sich, sei er ohnehin noch ganz „tramhapert" – nicht recht munter – gewesen. Erst wenn er schon eine Weile gegangen war, wachte er richtig auf.

Ich wollte natürlich wissen, wovor er sich denn eigentlich gefürchtet hat. Aber das wußte er selbst nicht genau. Es gab ja so viele Geschichten, über Geister, Teufel und andere Dinge. Wenn der Bub auch nicht alles glaubte, was erzählt wurde, so gab es immer noch genug, was ihm unheimlich war. Gesehen hat er allerdings nie etwas

Gefährliches; höchstens einmal einen Wildschützen mit geschwärztem Gesicht. Doch wenn er auf einen solchen stieß, dann nahm dieser ohnehin schnell Reißaus, damit er nicht erkannt wurde.

Das Kühesuchen war besonders bei Schlechtwetter schwierig, weil das Vieh ja nicht immer geht, sondern oft auch liegt. Wenn es aber ruht, dann hört man keine Glocke. Man findet dann das Vieh erst, wenn man direkt darauf stößt und es schon sieht. Ein Vorteil war, daß die Pferde meistens bei den Kühen blieben. Im Weideverhalten von Pferden und Rindern ist ja insofern ein Unterschied, als die Rinder wiederkäuen müssen. Sie liegen also und ruhen, während sie wiederkäuen. Die Pferde allerdings brauchen das nicht. Sie fressen immer dahin. Sie haben viel Zeit zum Fressen, und es macht ihnen nichts aus, wenn die Weide kürzer ist. Sie schaben auch das kurze Gras heraus. Für Sepp hatte das den Vorteil, daß er sich, wenn er keine Kuhglocke hörte, nach den Pferden richten konnte. Die Pferde waren selten weit von den Kühen entfernt.

So hatte er als Hüter die üblichen Erlebnisse wie andere Hüter auch und auch die üblichen Sorgen. Es gibt ja so allerhand, was auf einer Alm passieren kann. Er erinnerte sich auch, daß das Vieh einmal die schon erwähnte Fußkrankheit hatte. Er mußte damals der Sennerin helfen, die fußgroßen Rasenstücke auszuschneiden, die sie dann auf das Hüttendach gelegt haben. Seine Sennerin glaubte daran, daß dies hilft.

Diese Sennerin war überhaupt noch recht mit den alten Bräuchen verbunden. Wenn etwa der Wind sehr stark um das Haus pfiff, nahm sie immer Mehl und warf eine Handvoll davon hinaus in den Sturm. Sie sagte, das sei für jene, die da draußen jammerten.

Zur Arbeit des jungen Hüters gehörte es auch, daß er regelmäßig zum Hof hinuntergehen und Lebensmittel holen mußte. Dabei mußte er auch Butter und Käse mitbringen, soviel auf dem Hof gebraucht wurde. Er tat das eigentlich recht gern, denn auf dem Hof wurde er immer gut aufgenommen. Wenn er sich dann wieder auf den Rückweg machte, dann steckte ihm die alte Bäuerin die Taschen voll mit gedörrten Zwetschken, Kletzen und Apfelspalten. Das verzehrte er dann auf dem langen Weg genußvoll. So kam ihm der Weg gar nicht so lang vor.

An solchen Tagen brachte der Hüter viele Gehstunden zusammen; das übliche Kühesuchen kam natürlich noch dazu. Das Gehen durfte Almleuten sowieso nichts ausmachen. Überhaupt waren die Leute früher das Gehen gewohnt, es gab ja nichts anderes. Jeder Weg mußte zu Fuß gemacht werden. Bei den Bauern wurde keinesfalls gleich mit dem Pferd ausgefahren, das kam nur in besonderen Fällen vor. Das Pferd war zur Arbeit auf dem Hof. Im Sommer war es zeitweise auf der Alm.

Das Pferd hatte übrigens noch eine andere, sehr wichtige Aufgabe auf dem Hof zu erfüllen. Es mußte den besten Knecht bezahlen. Vor dem 6. August, dem Rößlmarkt, wurde das Pferd samt Fohlen von der Alm geholt und das Fohlen dann auf dem Rößlmarkt verkauft. Mit dem Erlös aus diesem Verkauf konnte der beste Knecht für ein Jahr bezahlt werden. Fiel in einem Jahr das Fohlen aus irgendeinem Grund aus, dann konnte das den Bauern in große Schwierigkeiten bringen.

Aber zurück zum Hüter-Sepp. Drei Jahre war er bei dem Bauern Hüter, dann noch einige Zeit Knecht. So wie für die Sennerinnen der Portiunkula-Sonntag der Tag zum Beichten und Kirchengang war, so war das für den Hüter der „Stapalia-Sonntag". An diesem Sonntag durften die Hüter von der Alm heruntergehen. Am Sonntag gingen sie dann zur Beichte und zur Messe. Nachher bekamen sie dann vom Bauern im Gasthaus eine Würstelsuppe.

Der Sepp erinnert sich, daß um diese Zeit bei ihm zu Hause immer schon die Kirschen reif waren. Er freute sich schon immer darauf, einmal nach Herzenslust Kirschen zu essen, denn auf der Alm gab es natürlich den ganzen Sommer über kein Obst.

Einmal jedoch konnte ihn nicht einmal die Freude auf zu Hause und auf die Kirschen trösten, denn er hatte furchtbare Zahnschmerzen. Schon die ganze Woche hatte ihm der Zahn wehgetan. Am Sonntag nach der Kirche ging er schweren Herzens zum Arzt und ließ sich den Zahn ziehen. Als das vorbei war, war er zwar von seinen Schmerzen erlöst, doch es gab auch noch ein anderes Problem: Womit sollte er den Arzt bezahlen?

Der Doktor kannte ja die Verhältnisse aus Erfahrung gut genug, und so fragte er halt den Buben, wieviel Geld er denn hätte. Nach einigem Kramen in seinen Taschen brachte dieser fünfzig Groschen zum Vorschein. Der Doktor nahm die fünfzig Groschen und gab sich damit zufrieden. Erst jetzt konnte der Sepp erleichtert nach Hause gehen, doch die Kirschen schmeckten ihm nicht wie sonst, denn das Gesicht tat ihm noch weh. Am nächsten Tag ging er wieder auf die Alm.

Die Sennerinnen gingen einige Zeit später zur Beichte. „Mei liaba, dö san andersch schen gwesen. Schen weiß im Gsicht, richtige Schattenbleamei und ganz rote Wangei hams ghabt“, sagte der Sepp von ihnen, wenn sie von der Alm hinuntergingen. Die erste Nacht, in der die Sennerinnen dann wieder auf der Alm waren, waren sie meist recht müde und schliefen fest. Da wurde öfters in eine Almhütte eingebrochen und allerhand gestohlen.

Nicht nur auf der Alm, auch zu Hause auf dem Hof hat der Sepp allerhand erlebt. Vor allem einmal den Besitzerwechsel. Während er dort war, übergaben die alten Bauersleute den Hof an die Jungen. Für die Dienstboten war das ein Nachteil. Es zeigte sich sehr bald, daß die junge Bäuerin viel geiziger mit den Dienstboten war. Bei der alten Bäuerin war es üblich gewesen, daß sie in der Früh für jeden ein ordentliches Häferl Milch und ein Stück Brot zur Jause herrichtete. Die junge Bäuerin hat gleich extra kleine Häferln für die Milch gekauft, und auch die Brotstücke wurden um vieles kleiner. Der erste Knecht hat ordentlich Krach gemacht und der Bäuerin die Brotschnitte nachgeworfen, doch das hat nicht viel genützt. Er ist dann bald von dem Bauern weggegangen und andere Dienstboten auch.

Der Sepp allerdings traute sich nicht. Er war auch noch sehr jung. So kam es schließlich dazu, daß er Knecht wurde. Diese Zeit war allerdings recht hart, denn jetzt, wo weniger Dienstboten waren, mußten diese umso mehr arbeiten. Der Bauer verstand es, ihn recht anzutreiben und seinen Ehrgeiz zu wecken, sodaß er sich noch mehr plagte. Allerdings bekam er wenigstens relativ gut bezahlt.

Der Bauer selbst ging gerne ins Wirtshaus. Er hatte im Laufe der Zeit den schönen Hof arg abgewirtschaftet. Des öfteren mußte ihn der Sepp aus dem Wirtshaus holen, wenn er wieder einmal gar nicht nach Hause kam. Es gelang jedoch nicht immer, ihn vom Biertisch loszueisen.

Als die Bäuerin im Wochenbett war, kam er auch eines Tages nicht zum Melken nach Hause. Er hätte zu dieser Zeit selbst melken müssen, weil keine Magd da war. Wieder einmal sollte ihn der Sepp holen, aber der Bauer ging nicht mit. Er gab dem Burschen fünf Schilling und sagte, er sollte statt ihm melken. Fünf Schilling waren damals viel Geld. Nachdem die Arbeit getan war, mußte er zum Bruder des Bauern gehen, damit dieser ihn aus dem Wirtshaus holt.

Als die Bäuerin zum Entbinden war, mußte auch der junge Knecht gehen und die Hebamme holen. Es war stockdunkel, und er fürchtete sich auf dem Weg; besonders an der Stelle, die Totenrast genannt wird. Es war üblich, daß an dieser Stelle Rast gemacht wurde, wenn ein Leichenzug zur Beerdigung unterwegs war. Der Bauer lachte ihn zwar aus und behauptete, er fürchte sich niemals, doch der Sepp wußte, daß er sich immer einen Stecken mitnahm und ein Messer draufband, wenn er dort gehen mußte. Wozu hätte er denn diese Waffe gebraucht, wenn er ohnehin keine Angst hatte?

Als das Kind dann auf der Welt war, gab es wieder eine besondere Arbeit für den Sepp. Er mußte „Gvattern-Bitten" gehen. „Gvatternleut" nennt man in Abtenau die Taufpaten. Es war üblich, daß bei der Geburt eines

Kindes der Vater oder ein Vertreter zu den Gvatternleuten hinging und um Beistand bei der Taufe bat. Der Weg zu den Gvatternleuten des Bauern war ziemlich weit. Der Bursch konnte erst am späten Nachmittag weggehen. Er kam gerade auf dem Hof an, als der Bauer dabei war, seine Schnitter auszubezahlen, denn an diesem Tag war dort Schnittag.

Es war ihm etwas peinlich, vor allen Leuten mit seinem Anliegen zu kommen. Deshalb sagte er: „Da Bauer und die Bäuerin liaßn bitten, du sollst eahna s'Schüssei kitten." Der Bauer lachte, er wußte schon, worum es ging, und er schickte ihn zur Bäuerin. Dort sagte er dann das richtige Sprücherl, das in diesem Fall Brauch war: „Da Bauer und die Bäuerin liaßn bittn, ös mechts eahna dös christliche Werk verrichtn."

Gvatter sein war eine Ehre, und der Gvatternbitter bekam ein ordentliches Essen. Die Bäuerin bat ihn herein und kochte ihm „Oabröckeln" (Eierbröckeln). Das ist eine Speise aus Weißbrot, Eiern und Zucker, mit heißer Butter übergossen. Auch Weinbeeren kamen dazu. Der Sepp ließ es sich schmecken und machte sich wieder auf den Heimweg. Als er heimkam, war es schon ziemlich dunkel, aber weil das Wetter umzuschlagen drohte, mußte er noch mit der Laterne Weizen einfahren.

Arbeit gab es viel auf dem Hof, Leute waren nur sehr wenige. Niemand blieb gerne. Es war nicht mehr so wie zur Zeit, als noch die alten Bauersleute waren. Mancher gute Brauch war abgekommen. Früher hatte es immer, wenn das Heu unter Dach war, ein besonderes Essen gegeben. „Aheig-Küachln" – Abheu-Kuchen, das war mit Marmelade bestrichenes Weißbrot, das in Teig getaucht und in heißem Fett gebacken wurde – nannte man das. Die Leute hatten sich immer darauf gefreut, denn das war ein seltenes Essen. Bei der jungen Bäuerin gab es das nicht mehr. Nur nach dem Essen gab es für alle zusammen ein kleines Schüsserl Apfelradeln. Und das sagte der Bauer noch: „Dös kunnts freili übamåt a nu fressen." (Übamåt = wenn man keinen Hunger mehr hat.)

Schließlich ging auch der Sepp von dem Bauern weg und kam als Knecht zu einem anderen Bauern. Wie er mir erzählte, wurde er dort Nachfolger von meinem Vater, der gerade wegging. Einmal kam er noch als „Anklöckler" zu seinem früheren Bauern. (Das Anklöckeln war – und ist zum Teil auch heute noch – ein Adventbrauch, dabei verkleiden sich die Leute, gehen von Haus zu Haus, wünschen Glück und erhalten Kletzen, Nüsse und Äpfel.) Der Hund erkannte den Sepp trotz seiner Verkleidung sofort und bellte deshalb nicht. Zum Glück fiel das der Bäuerin nicht auf, denn sonst hätte sie ihm sicher nichts gegeben.

Einige Zeit später wurde er dann Senn auf der Gseng-Alm. Diese Alm unterscheidet sich etwas von den anderen Almen, von denen ich erzählt habe. Sie liegt direkt im Tennengebirge und ist deshalb ziemlich extrem. Es ist dort auch sehr steil. Selbst im Sommer kann es vorkommen, daß es bis auf die Alm herunter schneit. Es kam sogar vor, daß im Juli das Vieh heruntergetrieben werden mußte, weil oben soviel Schnee lag.

Die Gseng-Alm war immer schon ein Ort, an dem sich die jungen Leute aus der Umgebung von Markt Abtenau gern zur Unterhaltung trafen. Es war ja jene Alm, die am nächsten lag. Die Arbeit war dort insofern anders, weil das Vieh morgens nicht zur Hütte getrieben, sondern oben auf der Höhe gemolken wurde. Das bedeutete, daß die Milch eine gute Stunde getragen werden mußte. Bei dreißig Litern und mehr ist das ein schönes Gewicht, wenn man damit auch noch steile Wege hinuntergehen muß. Doch das war nötig, damit das Vieh oben auf der Weide blieb. Dort oben waren nämlich die besten Wiesen.

Das Melken im Freien ist schwierig, denn das Vieh bleibt oft nicht stehen. Außerdem ist der Boden uneben, was es nicht gerade erleichtert. Besonders manche Kühe blieben nicht stehen, da mußte man sie dann schon an einen Latschenschopf anbinden. Doch wo Latschen wachsen, ist es meist erst recht nicht eben. Ansonsten war die Gseng-Alm nicht schlecht. Wie von manchen anderen

Almen so sagte man auch von dieser, daß „bei jedem Stoa a Bazl Butter“ wächst. Es ist ja auf den Almen tatsächlich so, daß rund um die Steine das längste und fetteste Gras wächst. Das Vieh weiß das ganz genau.

Der Sepp erinnert sich gerne an die Zeit als Senn zurück. Dann kam der Krieg, und somit war das Almleben vorerst vorbei. Nach dem Krieg kam er zur Post und wurde Briefträger. Immer wünschte er sich jedoch, noch einmal auf die Alm gehen zu können. Er dachte sich, daß das wohl nicht mehr möglich sein würde.

Doch nach seiner Pensionierung wurde er angesprochen, ob er nicht „Kalmerer“ – Hirte für das Jungvieh – auf der Genner-Alm werden wollte. Da griff er sofort zu, und schließlich war er noch mehrere Jahre im Genner für das Jungvieh zuständig. So hatte er die Möglichkeit, die Almwirtschaft und die Almen auch in den letzten Jahren noch beobachten zu können.

Im Genner sind immer noch mehrere Hütten bewirtschaftet. Der Kalmerer hat das Recht, jedes Jahr bei einer anderen Hütte untergebracht und verpflegt zu werden.

Er war in diesen Jahren auch immer darauf bedacht, die Ausflügler daran zu erinnern, daß sie die Almen sauberhalten sollten. Er stellte fest, daß es in den letzten Jahren doch etwas besser geworden ist. Es wird nicht mehr so viel weggeworfen. Auch die Lehrer achten im allgemeinen darauf, daß die Kinder ihre Rastplätze sauber hinterlassen. Das zu hören, ist erfreulich. Wenn wir unsere schönen Almen erhalten wollen, dann müssen wir alle etwas dazutun.

Die Bauern selbst beginnen die Almen ebenfalls wieder mehr zu benutzen. Ein Grund dafür, so sagte mir der Bruder vom Sepp, der selbst Bauer ist und Vieh auf der Alm hat, ist das Milchkontingent. Wenn der Bauer mehr Milch als dieses von der Molkerei zugestandene Kontingent liefert, ergeben sich Einbußen beim Preis. Dieses Kontingent gilt aber nur für den Hof und nicht für die Alm. Wenn also der Bauer Milch von der Alm liefert, dann bringt ihm dies keine Nachteile.

Es werden also einzelne Hütten wieder hergerichtet und bewirtschaftet, denn so kann die Regelung mit dem Kontingent umgangen werden. Sennerin freilich kann sich der Bauer in der Regel keine leisten. Da muß schon die Bäuerin selbst auf die Alm gehen. Es wird auch wieder mehr Vieh aufgetrieben. Am Zinken zum Beispiel gab es im Sommer 1985 das meiste Vieh seit langem. Auf einem Gebiet von fünfhundert Hektar, in dem neunzig Bauern das Weiderecht haben, waren dreihundert Rinder, elf Pferde und sechs Fohlen.

Es bleibt also die Hoffnung, daß die Almen in Zukunft vielleicht sogar wieder etwas mehr bewirtschaftet werden. Vieles freilich geht verloren oder ist schon verlorengegangen. Selbst die Zäune sind nicht mehr wie früher. Niemand mehr sammelt die Steine ein, um damit die Anger abzugrenzen. Die alten Zäune sind vielfach verschwunden, und auf den Almen greifen mehr und mehr die Elektrozäune durch. Es hat sich eben vieles, sehr vieles geändert.

Almabtrieb

Der Almabtrieb war immer das größte Ereignis im Almjahr. Schon viele Wochen vorher begannen die Sennerinnen mit den Vorbereitungen dazu. Es war eine zeitraubende Arbeit, all die Kränze, Blumensträuße und „Nagerl“ herzustellen, die für den Almabtrieb gebraucht wurden. Dazu wurde Seidenpapier, Draht und allerhand anderes gebraucht. Die Sennerinnen mußten sich diese Dinge alle selbst kaufen. Es wurde viel davon gebraucht, denn jedes Stück Vieh bekam einen Kranz und die Kühe auch noch zusätzlichen Schmuck.

Die Herstellung der Kränze war eine sehr kreative, ja beinahe künstlerische Arbeit, und so manche Sennerin zeigte dabei großes Geschick. Meine Großmutter begann schon immer im August mit dem Kränzebinden. Sie hatte einen besonderen Stolz, wenn ihr Vieh schön geschmückt war.

Es war ja üblich, daß Vieh, das nach Bartholomä – also nach dem 24. August – von der Alm geholt wurde, schon geschmückt wurde. Es kam vor, daß zum Beispiel eine Kuh schon vor dem eigentlichen Almabtrieb geholt wurde, weil sie zum Kalben war. Kühe, die zum Kalben waren, wurden immer vorher nach Hause gebracht.

Dieser Bartholomätag war überhaupt ein besonderer Tag im Bauernjahr. Er war einer von den Bauernfeiertagen. Es gab ja mehrere solcher Tage, die bei den Bauern als ganze oder halbe Feiertage galten. So etwa der 19. März – Josefitag –, 24. April – Markus –, 29. Juni – Peter und Paul –, Maria Heimsuchung, Maria Geburt und Ruperti am 24. September.

Einige von diesen Tagen waren auch Lostage. Von Josef sagte man: Wenn an diesem Tag das Wetter schön und warm war, dann sollte man einen Rock verkaufen und dafür einen Bienenstock kaufen. Am Gertraudtag – 17. März – hieß es: „Die Gertraud bricht den Faden ab." Das heißt, an diesem Tag mußte man mit dem Spinnen von Wolle und Flachs fertig sein.

Der Bartholomätag war ein besonderer Tag. An diesem Tag kam bei den Bauern der Butterstock auf den Tisch. Das gab es ja sonst nicht. Normalerweise wurde Brot immer ohne Butter gegessen. Butter gab es höchstens für einen Besuch, aber nicht für die Leute auf dem Hof. Der „Bachtelmä"-Tag war eine Ausnahme. An diesem Tag durfte jeder soviel Brot essen und soviel Butter draufstreichen, wie er wollte. Darauf freuten sich die Leute schon lange vorher und machten auch entsprechend Gebrauch davon. Wenn auf dem Hof Bienen waren, dann gab es sogar auch noch Honig dazu. Das war ein Festessen! Wenn man bedenkt, wie wir heute essen, dann kann man sich kaum vorstellen, daß es früher nicht einmal bei den Bauern Butter aufs Brot gab.

Die Sennerinnen hatten da allerdings im Sommer eine Ausnahme. Sie durften ja etwa ein Kilo Butter für sich verbrauchen, und wenn auch alles mit Butter gekocht wurde, so hatten sie sicher immer noch genügend aufs Brot. Sie konnten sich das schon einteilen. Nicht umsonst haben die Sennerinnen meistens „guat ausgschaut".

Früher herrschten ja – was die Figur betrifft – andere Ansichten als heute. Die Leute hatten knapp zu essen, und so waren die meisten mager. Da galt es als schön, wenn jemand etwas stärker war. In unserer heutigen Wohlstandsgesellschaft, wo es alles im Überfluß gibt, da ist das anders. Schlank ist „in", und mit diesem Trend werden hervorragende Geschäfte gemacht.

Der Bartholomätag hatte aber auch noch eine andere Bedeutung. Um diese Zeit wurde ein Teil des Getreides gedroschen, denn man brauchte Saatgetreide. Zu Bartholomä sollte die halbe Saat in der Erde sein.

Auf der Alm war um diese Zeit der Hochsommer fast vorbei. Es gab schon weniger Milch und Butter, und das Vieh mußte bereits weiter gehen, um genug Futter zu finden. Im September konnte es bei Schlechtwetter schon manchmal recht kalt sein, und auf den Höhen gab es unter Umständen schon Schnee.

Für gewöhnlich kam um Ruperti – 24. September – das „Freivieh" heim. Es konnte schon passieren, daß es schon vorher geschneit hatte, dann mußte auch das Vieh schon früher geholt werden. In solchen Fällen konnte das Abtreiben recht schwierig sein. Weiter unten gab es viel Wasser, und die Brücken mußten abgezogen werden, damit sie nicht weggerissen wurden. Die quergelegten Balken nahm man ab. Das Vieh über die Längsbalken zu treiben, zwischen denen das Wasser hindurchschießt, war natürlich schwierig. Besonders manche Tiere weigerten sich hartnäckig, die glitschigen Balken zu betreten. Da hatten die Begleiter schon alle Hände voll zu tun, und meist waren sie dann naß bis auf die Haut.

Der wirkliche Almabtrieb fand erst an den drei Samstagen im Oktober, an den goldenen Samstagen, statt. Manche Bauern hatten noch niedrigere Almen, sogenannte „Heimalmen", auf denen das Vieh, wenn möglich, bis zu Allerheiligen blieb. Dort wurde dann auch das meiste Heu verfüttert, das da war.

Ungefähr eine Woche vor dem Almabtrieb kamen Leute vom Hof auf die Alm. Es gab noch allerhand zu tun: Der Mist mußte ausgefahren und am Anger ausgebreitet werden; teilweise mußte auch bei den Zäunen der Draht abgelegt werden, damit er vom Schnee nicht beschädigt wurde.

Um diese Zeit hatten die Sennerinnen ihren Schmuck schon fertig. Kränze, Spiegel, Bänder, Nelken und „Hörnerpfosen" lagen bereit und warteten auf ihren Einsatz. Für die Hörnerpfosen wurden aus Sackleinwand Stücke zusammengenäht, die auf die Hörner der Kühe paßten. Diese Stücke wurden mit buntem Papier und Papierblumen benäht. Das alles ist sehr viel Arbeit, denn es muß ja auch allerhand aushalten, wenn das Vieh damit mehrere Stunden unterwegs ist. Früher gab es keinen Alleskleber und keine Klebestreifen, da mußte alles mit Faden oder Draht gebunden und zusammengenäht werden.

Es hing vom Wetter und auch von der Lage der Alm ab, ob nun am ersten, zweiten oder dritten goldenen Samstag abgefahren wurde. In den letzten zwei Tagen vorher mußten die Sennerinnen noch einen „Årausch" machen: Ein aus Mehl und Butter hergestellter Teig wird zu dünnen Rollen geformt und dann in Stücke geschnitten. Das kommt in ein Sieb und wird in heißem Fett herausgebacken. Der Årausch kam in einen Korb mit Deckel. Beim Almabtrieb trug die Sennerin diesen Korb am Arm, und die „Kranzlschauer" oder „Pumperküahschauer" bekamen eine Handvoll davon.

Am Tag, an dem der Almabtrieb stattfand, hieß es schon früh mit der Arbeit beginnen. Der Alpwagen mußte beladen werden. Es durfte nichts vergessen werden, denn nachher kam niemand mehr auf die Alm. Dann mußte das Vieh „aufgekranzt" werden. Das ist ein schönes Stück Arbeit, denn besonders die jüngeren Tiere waren unruhig. Sie wurden durch das Rauschen des Papiers ganz nervös. Die älteren Kühe kennen das schon. Sie halten den Kopf ruhig und scheinen stolz auf ihren Schmuck zu sein.

Wenn alles fertig ist, wird das Vieh aus der Hütte gelassen, und die Hütte wird für den Winter versperrt. Eine so begeisterte Sennerin wie meine Großmutter verspürte sicher immer leichte Wehmut, wenn sie die Alm wieder verlassen mußte. Anfangs ist das Vieh unruhig und drängt durcheinander. Es fühlt, daß es wieder heimwärts geht. Es dauert eine Weile, bis halbwegs Ordnung in dem Zug ist. Das Pferd, das den Wagen zieht, ist ebenfalls schön geschmückt, und der Fahrer trägt ein oder sogar mehrere „Nagerl" – Papiernelken – auf dem Hut.

Als ich noch zur Schule ging, haben wir im Herbst oft solche Züge mit Pumperkühen gesehen. Unsere Schule lag ungefähr fünf Minuten von der Straße entfernt, auf der diese Züge vorbeikamen. Wir konnten die Pumperglockn schon von weitem hören, und wenn gerade Pause war, durften wir zur Straße hinunterlaufen. Das war jedesmal ein Erlebnis, und wir freuten uns immer darauf.

Als erstes kam der Hüter. Er trug Nagerln auf seinem Hut, und er führte die zwei Glockkühe. Eine trug die Pumperglockn und die andere die Speisglockn. Diese beiden Kühe waren besonders schön geschmückt. Sie trugen Kränze aus buntem Papier um den Hals und dazu noch auf der Stirn einen geschmückten Spiegel. Außerdem hatten sie noch Hörnerpfosen.

Dann kam der Stier. Er trug ebenfalls einen Kranz, Hörnerpfosen und einen mit bunten Bändern geschmückten „Bosching" (Wipfel) auf dem Kopf. Dahinter kamen die Kühe, die alle einen Kranz und auch noch zusätzlichen Kopfschmuck hatten; zuletzt die Kalbinnen und Kälber, die nur einen Kranz hatten. Zum Schluß kam die Sennerin in ihrem guten Gewand mit ihrem Årauschkorb am Arm.

Leicht war es allerdings nicht, etwas davon zu bekommen, wenn eine ganze Schulklasse oder sogar mehrere Klassen dastanden. Da waren jene Kinder im Vorteil, die mit einer Sennerin verwandt oder gar ihr Patenkind waren. Die bekamen sogar eines der vielbegehrten Nagerln, die sonst eigentlich nur Burschen bekamen. Diese trugen sie dann am Sonntag auf dem Hut.

Wenn sich im Lauf des Sommers auf dem Hof ein Unglück ereignet hatte oder wenn jemand gestorben war, dann bekam das Vieh schwarze Bänder auf den Schmuck. Eine Bauerntochter, deren Bruder tödlich verunglückt war, soll bei diesem Anlaß einmal gesagt haben: „Hiaz bin i direkt froh, daß der Rüapel verunglückt is, mia gfalln die Küah so mit di schwarzn Bandln." Diese schwarzen Bänder brachten über das festliche Ereignis einen dämpfenden Ton. Die Leute, die dem Zug unterwegs begegneten, gedachten dann unwillkürlich des Toten.

Wenn der Zug auf dem Hof ankam, standen die Bäuerin und der Bauer auf dem Hausanger und begrüßten die Ankömmlinge herzlich. Auch das Gesinde fand sich zur Begrüßung ein. Alle halfen dann zusammen, um das Vieh in den Stall und auf den richtigen Platz zu bringen.

In manchen Gebieten gibt es noch immer – oder auch schon wieder – einen Almabtrieb. Dieses Ereignis ist inzwischen längst zu einer zugkräftigen Fremdenverkehrsattraktion geworden. Früher war es ein festliches Ereignis auf dem Bauernhof, an dem alle teilgenommen haben. Wenn später die Kinder aus der Nachbarschaft kamen, bekamen sie manchmal einen Kranz. Das war natürlich eine Riesenfreude für sie.

Für die Sennerinnen begann nun wieder das Leben auf dem Hof. Es mag ihnen – besonders anfangs – manchmal nicht leichtgefallen sein. Meine Großmutter zog nach dem Almabtrieb wieder in ihre kleine Wohnung bei einem Bauern, bei dem sie mehr als vierzig Jahre gewohnt hat.

Am ersten Sonntag nach dem Almabtrieb gingen der Bauer und die Bäuerin mit der Sennerin in die Kirche und dann anschließend ins Gasthaus, wo sie ihr ein Essen bezahlten. An diesem Tag kamen sie erst spät am Nachmittag nach Hause. Auf dem Hof gab es besonders an den ersten Tagen viel Arbeit, weil ja nun das Vieh wieder da war und weil sich dieses erst wieder gewöhnen mußte.

Im November, wenn alles Vieh zu Hause war, trafen sich die Almbauern zur „Almroat“: jene, die selbst Gräser hatten, und jene, die bei einem anderen Bauern Vieh auf der Alm gehabt hatten; dort wurde dann alles abgerechnet. Damit war der Almsommer endgültig zu Ende.

Ausklang

Wenn man eine solche Betrachtung über Almen und Sennerinnen anstellt, dann ist es sicher angebracht, einmal darüber nachzudenken, wie diese Almen wohl von unseren Vorfahren urbar gemacht wurden. Diese Gebiete sind von den Tälern aus meist gar nicht zu sehen. Es ist gar nicht zu vermuten, daß sich hinter und zwischen den Bergen so große und schöne Flächen befinden. Diese Gebiete mußten irgendwann erst einmal entdeckt werden. Sie waren auch schwer zu erreichen, und es mußten erst Wege angelegt werden, daß man mit dem Vieh dort hinkam. Diese Wege wurden aber immer wieder vom Wasser weggerissen.

Es war dann auch bestimmt sehr schwierig, Hütten zu bauen. Man hat sich hiefür des Materials bedient, das an Ort und Stelle zu finden war. Manche Almhütten sind unten aus Steinen gemauert, die sicher erst von den Wiesen eingesammelt werden mußten. So wurden damit zwei nützliche Dinge miteinander vereinbart. Dasselbe gilt für die Zäune aus Stein. Es wurden dadurch auch gleich steinfreie Flecken gewonnen. Doch welche Mühe und wieviel Arbeit mag das gekostet haben? Wieviel Fleiß und Schweiß waren wohl nötig, um alles so herzurichten, wie wir es kennen?

Als die Almen noch bewirtschaftet waren, wurde auch jedes Jahr wieder daran gearbeitet. Die Alm war ein Teil des Hofes und wurde mit derselben Sorgfalt wie dieser gepflegt. Umso mehr ist es zu bedauern, wenn vieles davon heute verlorengeht. Auf manchen Almen sind die einst so mühsam erarbeiteten Anger heute wieder verwildert und verwuchert. So angenehm und heimelig schöne, gepflegte Almen aussehen, so trostlos sieht es aus, wenn alles zerfällt und verwächst.

Kein Wunder, daß besonders ältere Menschen, die noch alles mit Freude bearbeitet haben, es sehr bedauern, wenn dies heute nicht mehr geschätzt wird. Wenn mir alte Leute so aus früherer Zeit erzählt haben, bekam ich immer wieder den Satz zu hören: „Die Jungen verstehen das heute nicht mehr, die können sich das nicht mehr vorstellen." Heute gilt nur noch das, was etwas einbringt.

Milch, Fleisch usw. sind Erzeugnisse und das Vieh ein Mittel, diese Erzeugnisse hervorzubringen beziehungsweise zu produzieren. Die persönliche Beziehung zum Vieh ist bei vielen Bauern eben auch entsprechend geworden. Es ist fast so, wie eben ein Mensch eine Produktionsmaschine bedient.

Aber das ganze Leben überhaupt hat sich grundlegend geändert. Das ging besonders seit dem Zweiten Weltkrieg so rasant, daß zwischen zwei Generationen eine ganze Welt liegt. Das Leben, das die Menschen vor dem Krieg geführt haben, ist für die heutige Jugend vollkommen fremd. Damals gab es für junge Leute in dieser Gegend kaum etwas anderes, als Magd oder Knecht auf einem Bauernhof zu sein. Sennerin war schon ein besseres Los. Auch die Holzknechte waren etwas im Vorteil. Sie waren freier als die Bauernknechte und bekamen auch regelmäßig ihren Lohn ausbezahlt.

Aber der größte Teil der Leute war auf den Bauernhöfen. Viele Frauen und Männer blieben es ein Leben lang. Sie blieben unverheiratet, nicht etwa weil sie nicht heiraten wollten, sondern weil es keine andere Möglichkeit für sie gab. Es gab damals ja auch keine Wohnungen. Wer nicht irgendeine Möglichkeit hatte, ein Häuschen zu bauen, zu kaufen oder zu pachten, der konnte keine Familie gründen.

Kein Wunder, daß es trotz der großen Schwierigkeiten, die für junge Frauen damit verbunden waren, doch relativ viele ledige Kinder gab. Oft war es so, daß die Eltern zwar heiraten wollten, aber wegen der Umstände einfach nicht konnten. Solche Kinder wuchsen dann eben irgendwo bei Bauern als Annehmkinder auf, und es gab für sie von Anfang an keine andere Möglichkeit, als eben wieder als Dienstbote bei Bauern zu bleiben.

Wenn aber so ein junges Paar heiratete, dann geschah es auf denkbar einfachste Weise. Es ist heute üblich geworden, daß Paare, die jahrelang zusammengelebt haben, eine große Hochzeit halten. Es scheint mir, daß es dabei weniger um die Trauung selbst als um die Hochzeit geht. Die Braut trägt zu diesem Anlaß ein weißes Kleid, auch wenn sie schon ein Kind hat. Auf dem Land feiern auch die einfachen Leute große Hochzeiten, bei denen viel Geld umgesetzt wird.

Wenn man da eine Hochzeit von Dienstboten früherer Zeit ansieht, so liegen Welten dazwischen. Sie mußten oft viele Jahre warten, ehe sie heiraten konnten. War es endlich wirklich soweit, so wurde halt geheiratet, und dann ging man nach Hause. Arme Leute konnten sich nicht einmal ein Hochzeitsessen leisten. Als Hochzeitsgeschenke gab es von den „Godenleuten" – den Paten – und von den allernächsten Verwandten ein paar Teller, ein Bettzeug oder andere Dinge, die unbedingt notwendig waren. Bekam man irgendwo etwas Geld, dann mußten damit ebenfalls die unbedingt notwendigen Dinge angeschafft werden. Meine Mutter zum Beispiel bekam von ihrer Schwester erst ein Hochzeitsgeschenk, als sie schon sechsundzwanzig Jahre verheiratet war. Es waren zwei Decken und ein Kopftuch.

Heute legen Brautpaare in einem Geschäft eine Liste auf, auf der jene Dinge angeführt werden, die sie geschenkt haben möchten. Darunter sind auch sehr teure Stücke, und diese Listen liegen in teuren Geschäften auf. Wahrscheinlich haben sich die Leute früher über die kleinen Dinge mehr gefreut und sie mehr geschätzt als die teuren Geschenke heute. Die Leute hatten nichts, und deshalb war alles, was sie bekamen, viel.

Das Hochzeitsgewand war dann für ein Leben lang das beste Gewand, und es wurde nur an den großen Feiertagen und zu ganz besonderen Anlässen getragen. Manchmal wurde es sogar noch weitervererbt, meistens aber auf der Totenbahre getragen. – Wenn man solche Dinge hört, dann ist man in unserer Zeit natürlich betroffen. Doch ich konnte von den Leuten immer wieder hören, daß sie eigentlich ganz zufrieden waren. Die Umstände waren eben so, den anderen ging es auch nicht anders.

Mehrmals sagte mir jemand, daß Kindheit und Jugend früher schöner waren als heute. Heute hätten die Kinder zwar alles, aber sie wären damit ja doch nicht zufrieden. Außerdem fehle ihnen dafür etwas, was viel wichtiger sei als materielle Dinge, nämlich ein richtiges Zuhause, eine Familie. Es gibt ja inzwischen so viele zerrüttete und geschiedene Ehen, worunter die Kinder sehr zu leiden haben. Solche Kinder sind dann oft sehr viel allein, und sie müssen sehen, wie sie zurechtkommen. Kürzlich zeigte mir ein Fünfjähriger sein nagelneues BMX-Rad und erzählte mir, das habe er von seinen Eltern bekommen, weil er abends immer so schön allein bleibt, wenn seine Eltern ausgehen. Das gab mir zu denken. Eltern glauben wohl, teure Geschenke können ersetzen, was sie ihren Kindern vorenthalten.

Kleine Dinge wurden sicher früher mehr geschätzt, die Leute waren wohl auch zum Teil zufriedener, aber wer von uns möchte heute noch wirklich unter solchen Umständen leben? Die allgemeinen Lebensverhältnisse sind sicher besser geworden. Ob die Menschen dadurch auch glücklicher geworden sind, bleibt eine offene Frage.

Es ist für uns heute schwer vorstellbar, daß die Generationen unserer Eltern und Großeltern noch regelmäßig Hunger zu erdulden hatten. Bei manchen Bauern war das Essen immer zuwenig. Am schlechtesten war es bei jenen Bauern, bei denen die Bauersleute extra gegessen haben. Es gab allerdings auch kleinere Bauern, deren Leben sich nicht sehr viel von dem der Dienstboten unterschied. Es war für sie sehr schwer, den Lohn für die

Leute aufzubringen, denn es gab ja wenig auf dem Hof, das verkauft werden konnte.

Für uns sind diese Verhältnisse heute nur noch schwer vorstellbar. Und doch brauchen wir uns in der Welt nur ein bißchen umzusehen. Nicht überall herrscht solcher Wohlstand wie bei uns. In vielen Ländern ist es heute noch nicht viel anders als bei uns vor fünfzig Jahren. Die Menschen dort kennen es nicht anders und sind froh, das Lebensnotwendige zu haben. Welch ein gewaltiger Gegensatz, wenn man bedenkt, daß es vor dem Krieg auch bei uns noch kaum etwas anderes als Arbeit gab.

Freizeit gab es kaum. Inzwischen hat sich eine gewaltige Freizeitindustrie entwickelt. Die Menschen haben soviel Freizeit, daß sie oft gar nicht mehr wissen, was sie damit anfangen sollen. Von der Werbung wird dauernd ein Bedarf an Freizeitgestaltung suggeriert, sodaß Menschen, die sich davon beeinflussen lassen, in einen regelrechten Freizeitstreß kommen. Die verschiedensten Sportarten sind „in" geworden. Wer nicht mitmacht, wird von den anderen mitleidig betrachtet.

Viele Sportarten sind so teuer geworden, daß sie sich Familien gar nicht mehr leisten können. Ein extremes Beispiel dafür ist der Schisport. Waren Schi früher ein Hilfsmittel, um sich im Schnee fortbewegen zu können, so ist heute nichts mehr davon übriggeblieben. War der Schi früher dazu da, um auch im Winter schwieriges Gelände zu bezwingen, so ist heute genau das Gegenteil der Fall. Das Gelände muß dem Schifahrer weichen. Wälder werden abgeholzt, Unebenheiten planiert und alle Hindernisse aus dem Weg geräumt, damit der Schitourist bequem seinem Vergnügen nachgehen kann.

Nichts leidet so darunter, wie die ehemals so stillen Almen. Nicht nur, daß die häßlichen Liftmasten im Sommer die ehemals so schönen Almen verschandeln, es sind auch überall Hotels und Schistationen aus dem Boden gewachsen. In vielen Gegenden wurden die Wiesen selbst durch die Rodungen und Einebnungen des Geländes zerstört. Der ohnehin dünne Humusboden wurde weggeschoben, und zurück blieben ausgetrocknete, braune Flächen oder felsige Stellen, die nicht mehr zu regenerieren sind. Der Regen schwemmt die restliche Erde weg und macht alles noch schlimmer.

Wenn im Frühjahr der Schnee zurückgeht und verschwindet, dann bleibt Unrat – vom Schokoladenpapier bis zum Sonnenölflascherl – zurück. Muß denn der Mensch seine Umwelt mit Gewalt zerstören? Wenn alte Sennerinnen wie meine Großmutter ihre geliebten Almen heute so sehen könnten, würden sie weinen.

Zum Glück scheint man in der letzten Zeit ein klein wenig Vernunft anzunehmen und wenigstens etwas Einsicht zu gewinnen. Wenigstens soll noch erhalten werden, was noch ist. Das erste Mittel, die Almen in ihrer Ursprünglichkeit zu erhalten, wäre natürlich die viehwirtschaftliche Nutzung. Doch das ist nicht so einfach.

Es wäre sicher auch heute gar nicht so schwer, Frauen zu finden, die Sennerin werden wollen, wenn sie dafür entsprechend bezahlt würden. Früher waren ja die Löhne sehr niedrig. Die Alm brachte insofern etwas ein, weil das Vieh mehr Milch gab, das Jungvieh besser gedieh und weil man dadurch überhaupt mehr Vieh füttern konnte. Somit machte sich die Sennerin bezahlt.

Doch heute sieht vieles anders aus. Viele Bauern, die früher eine Reihe von Dienstboten hatten, sind heute nur noch Nebenerwerbsbauern. Das Vieh wird ganz anders gefüttert und gibt mehr Milch als früher. Durch den Überschuß an Milch und Butter werden die Preise gedrückt. Wenn der Bauer eine Sennerin für die Alm hat, dann muß da schon eine Jausenstation dabei sein, daß sich das rentiert.

Es ist auch heute bei vielen Bauern nicht so, daß für sie die Alm uninteressant wäre. Im Gegenteil, viele hängen sogar sehr daran. Doch die wirtschaftliche Lage ist schwierig. Mit Freude und Liebe allein geht es nicht. Bestimmt ist das ein Faktor, über den nachzudenken ist.

Wie könnten diese Almen wieder richtig genutzt werden? Schließlich handelt es sich allein in dem Gebiet, von dem ich hier berichtet habe, um viele tausend Hektar. In unserer Zeit ist Grund und Boden viel zu wertvoll geworden, um solch große Flächen zum großen Teil ungenutzt zu lassen. Es ist nötig, daß auch von öffentlichen Stellen aus nach neuen Lösungen gesucht wird. Es wäre sicher vorteilhaft, wenn sich die zuständigen Politiker einmal an Ort und Stelle mit den Problemen auseinandersetzen würden. Sie müßten selbst über diese Almen geführt werden, dabei mit den einheimischen Bauern reden und sich erklären lassen, wie das alles in der Praxis aussieht.

Es ist schwer vorzustellen, daß sie dann nicht versuchen würden, neue Wege zu finden. Ich kann mir jedenfalls nicht denken, daß, wer diese Gebiete einmal gesehen hat, nicht dazu angeregt wird, alles dazuzutun, sie zu erhalten. Allerdings müßten die zuständigen Personen bereit sein, ihr Auto stehenzulassen und zu Fuß in die Regionen zu gehen, die wirklich noch echte Almen sind. Eine Gegend muß man mit den Füßen kennenlernen, nicht mit den Autoreifen.

Ganz besonders trifft das auf die Alm zu. Den Almboden muß man unter den Füßen spüren, man muß ihn fühlen. Man muß aber auch die Ruhe genießen, weg vom Autolärm. Man muß versuchen, die Stille zu „hören". Nur dann kann man verstehen, wieviel das alles bedeutet. Nur so würden auch die Menschen, auf die es ankommt, erkennen, welchen Schatz wir an unseren Almen haben. Das darf einfach nicht verlorengehen.

Ich wünsche mir, daß dieses Buch wenigstens ein kleines bißchen dazu beiträgt, daß das Wissen um diese Werte wieder auflebt. Der Leser mag denken, daß dies ein sentimentaler, euphorischer Aufruf ist, aber vielleicht ist dies nur ein kleines Erbteil meiner Großmutter, die ich durch die Arbeit an diesem Buch viel besser kennen- und auch verstehen gelernt habe.

Die Reihe „Damit es nicht verlorengeht ...“ will darauf aufmerksam machen, wie wichtig es ist, alltägliche Lebensverhältnisse früherer Zeiten zu überliefern. Dies gilt insbesondere für Bevölkerungsgruppen und Themenbereiche, die bisher in der Geschichtswissenschaft wenig Beachtung gefunden haben. Die Reihe will damit dazu anregen, lebensgeschichtliche Erinnerungen niederzuschreiben. Freilich wird es der Ausnahmefall sein, daß solche Aufzeichnungen auch gedruckt werden können. Unveröffentlichte Autobiographien werden in erster Linie für die eigene Familie wertvoll sein. An diesen Kreis ist daher bei der Abfassung wohl primär zu denken.

Darüber hinaus sind aber gerade solche für einen privaten Kreis niedergeschriebene Lebenserinnerungen auch für die Wissenschaft von großem Wert. Im Rahmen einer neuen alltagsgeschichtlich orientierten Sozialgeschichtsforschung gewinnen sie zunehmend an Bedeutung. Aus diesem Grund wurde am Institut für Wirtschafts- und Sozialgeschichte der Universität Wien (1010 Wien, Dr.-Karl-Lueger-Ring 1) im Rahmen eines Forschungsprojekts zur Sozialgeschichte der Familie mit einer Sammlung unveröffentlichter Autobiographien begonnen.

Die Leser diese Bandes werden eingeladen, zu dieser Sammlung dadurch beizutragen, daß sie auf private lebensgeschichtliche Aufzeichnungen aufmerksam machen beziehungsweise Kopien solcher Aufzeichnungen zur Verfügung stellen.